相補曲線

発想とはスポーツと同様

土井 棟治朗

目　次

　　　序論 …………………………………………………… 9
Ⅰ　古典 …………………………………………………… 11
Ⅱ　近代前期 ……………………………………………… 23
Ⅲ　近代後期 ……………………………………………… 53
Ⅳ　現代前期 ……………………………………………… 91
Ⅴ　現代後期 ……………………………………………… 127
Ⅵ　現在前期 ……………………………………………… 177
Ⅶ　現在後期 ……………………………………………… 207
Ⅷ　未来 …………………………………………………… 221
　　　まとめ ………………………………………………… 229

発想とはスポーツと同様（150）パウル（w.）参照。

背景多数でも実行はただひとつ、重積と迅速で相補曲線。

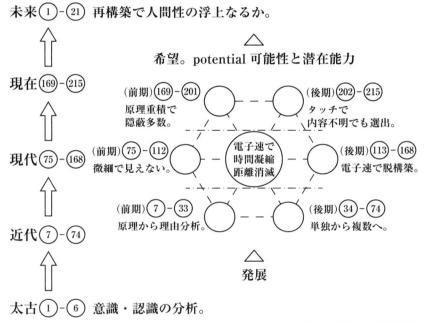

〔社会環境症候群図〕

I　古典

- ※ 1. ピタゴラス ……………… 12
- ※ 2. 葛飾北斎 ………………… 14
- ※ 3. オーム(G.S.) …………… 15
- ※ 4. リンカーン(A.) ………… 17
- ※ 5. シンガー(I.M.) ………… 18
- ※ 6. マルクス(K.H.) ………… 19

II　近代前期

- 7. レントゲン(W.C.) ……… 24
- 8. ゼーマン(P.) …………… 26
- 9. ローレンツ(H.A.) ……… 27
- ※ 10. ベルグソン(H.L.) ……… 28
- ※ 11. デューイ(J.) …………… 29
- 12. キュリー・マリィ ……… 31
- 13. キュリー・ピェール …… 32
- 14. ベクレル(A.H.) ………… 33
- 15. レイリー(J.W.S.I.) …… 34
- 16. レーナルト(P.E.A) …… 35
- 17. トムソン(S.J.J.) ……… 36
- 18. マイケルソン(A.A.) …… 37
- 19. リップマン(G.) ………… 38
- 20. ブラウン(K.F.) ………… 39
- ※ 21. ラザフォード(E.) ……… 40
- 22. マルコーニ(G.) ………… 41
- 23. ファン・デル・ワールス(J.D.) … 43
- 24. ウィーン(W.) …………… 44
- 25. ダレーン(N.G.) ………… 45
- 26. カマーリング・オネス(H.) … 46
- 27. ラウエ(M.T.F.V.) ……… 47
- 28. ブラッグ(S.W.H.) ……… 48
- 29. ブラッグ(S.W.L.) ……… 49
- 30. バークラ(C.G.) ………… 49
- 31. プランク(M.K.E.) ……… 50
- 32. シュタルク(J.) ………… 51
- 33. ギョーム(C. É.) ………… 52

III　近代後期

- 34. アインシュタイン(A.) … 54
- 35. ボーア(N.H.D.) ………… 55
- 36. ミリカン(R.A.) ………… 57
- 37. シーグバーン(K.M.G.) … 58
- 38. フランク(J.) …………… 59
- 39. ヘルツ(G.L.) …………… 59
- 40. ペラン(J.B.) …………… 60
- 41. ウイルソン(C.T.R.) …… 61
- 42. コンプトン(A.H.) ……… 62
- 43. リチャードソン(S.O.W.) … 63
- 44. ド・ブロイ(L.V.7ᵉ.D.) … 64
- 45. ラマン(S.C.V.) ………… 65
- 46. ハイゼンベルク(W.K.) … 66
- 47. シュレーディンガー(E.) … 67
- 48. ディラック(P.A.M.) …… 68
- 49. チャドウィック(S.J.) … 69
- 50. アンダーソン(C.D.) …… 70
- 51. ヘス(V.F.) ……………… 71
- 52. デービソン(C.J.) ……… 71
- 53. トムソン(S.G.P.) ……… 72
- 54. フェルミ(E.) …………… 73
- 55. ロレンス(E.O.) ………… 74
- 56. シュテルン(O.) ………… 74
- 57. ラビ(I.I.) ……………… 75
- 58. パウリ(W.) ……………… 76
- 59. ブリッジマン(P.W.) …… 76
- 60. アップルトン(S.E.V.) … 77
- 61. ブラケット(P.M.S.B.) … 78
- ※ 62. エリクソン(E.H.) ……… 78
- 63. 湯川秀樹 ………………… 80
- 64. パウエル(C.F.) ………… 81
- 65. ウォルトン(E.T.S.) …… 82
- 66. コッククロフト(S.J.D.) … 82
- ※ 67. ノイマン(J.V.) ………… 83
- 68. パーセル(E.M.) ………… 84
- 69. ブロッホ(F.) …………… 85
- 70. ゼルニケ(F.) …………… 86
- 71. ボーテ(W.) ……………… 86
- 72. ボルン(M.) ……………… 87
- 73. クッシュ(P.) …………… 88

| 74. | ラム（W.E.Jr.） | 89 |

Ⅳ 現代前期

75.	ショクリー（W.B.）	92
76.	バーディーン（J.）	93
77.	ブラッティン（W.H.）	93
78.	楊振寧	94
79.	李政道	95
80.	タム（I.E.）	96
81.	チェレンコフ（P.A.）	96
82.	フランク（Ilya.M.）	97
※83.	ポントリャーギン（L.S.）	98
※84.	黒澤明	99
85.	セグレ（E.G.）	101
86.	チェンバレン（O.）	101
87.	グレーザー（D.A.）	102
88.	ホーフスタッター（R.）	103
89.	メスバウアー（R.L.）	103
90.	ランダウ（L.D.）	104
91.	イェンゼン（J.H.D.）	105
92.	ウィグナー（E.P.）	106
93.	メーヤー（M.G.）	107
94.	タウンズ（C.H.）	107
95.	バーソフ（N.G.）	109
96.	プロホロフ（A.M.）	110
97.	シュウィンガー（J.S.）	111
98.	朝永振一郎	112
99.	ファインマン（R.P.）	113
100.	カストレル（A.）	114
101.	ベーテ（H.A.）	115
102.	アルバレズ（I.W.）	116
103.	ゲル・マン（M.）	117
104.	アルベーン（H.O.G.）	118
105.	ネール（L.E.F.）	119
106.	ガボール（D.）	120
107.	クーパー（L.N.）	121
108.	シュリーファー（J.R.）	122
109.	バーディーン（J.）	122
110.	江崎玲於奈	123
111.	ゲーバー（I.）	124
112.	ジョセフソン（B.D.）	125

Ⅴ 現代後期

※113.	デリダ（J.）	128
114.	ヒューウィッシュ（A.）	129
115.	ライル（S.M.）	130
116.	ボーア（A.N.）	131
117.	モッテルソン（B.R.）	131
118.	レインウォーター（L.J.）	132
119.	ティン（S.C.C.）	133
120.	リヒター（B.）	134
121.	アンダーソン（P.W.）	134
122.	バンブレック（J.H.）	135
123.	モット（S.N.）	136
124.	ウイルソン（R.W.）	137
125.	カピッツァ（P.L.）	138
126.	ペンジアス（A.A.）	139
127.	グラショー（S.L.）	139
128.	サラム（A.）	140
129.	ワインバーグ（S.）	141
130.	クローニン（J.W.）	141
131.	フィッチ（V.L.）	142
132.	シーグバーン（K.M.B.）	143
133.	ショーロー（A.L.）	143
134.	ブルームバーゲン（N.）	144
135.	ウィルソン（K.G.）	146
136.	チャンドラセカール（S.）	147
137.	ファウラー（W.）	149
138.	ファンデルメーア（S.）	150
139.	ルビア（C.）	151
140.	クリッツィング（K.）	152
141.	ビニヒ（G.）	152
142.	ルスカ（E.A.F.）	153
143.	ローラー（H.）	154
144.	ベドノルツ（J.G.）	155
145.	ミュラー（K.A.）	155
146.	スタインバーガー（J.）	156
147.	シュワルツ（M.）	157

148. レーダーマン(L.M.) ……… 158	185. レゲット(A.J.) ……… 191
149. デーメルト(H.G.) ……… 159	186. グロス(D.J.) ……… 192
150. パウル(W.) ……… 160	187. ポリツァー(H.D.) ……… 193
151. ラムゼー(N.F.) ……… 161	188. ウィルチェック(F.) ……… 194
152. ケンドール(H.W.) ……… 162	189. グラウバー(R.J.) ……… 195
153. テーラー(R.E.) ……… 163	190. ヘンシュ(T.W.) ……… 195
154. フリードマン(J.I.) ……… 164	191. ホール(J.L.) ……… 196
155. ドジャンヌ(P.G.) ……… 165	192. マザー(J.C.) ……… 197
156. シャルパック(G.) ……… 166	193. スムート(G.F.) ……… 198
157. テーラー(J.H.Jr) ……… 167	194. グリュンベルク(P.) ……… 199
158. ハルス(R.A.) ……… 168	195. フェール(A.) ……… 199
159. シャル(C.G.) ……… 169	196. 小林誠 ……… 200
160. ブロックハウス(B.N.) ……… 170	197. 南部陽一郎 ……… 201
161. ライネス(F.) ……… 170	198. 益川敏英 ……… 202
162. パール(M.L.) ……… 172	199. カオ(C.) ……… 203
163. リー(D.M.) ……… 173	200. スミス(G.E.) ……… 204
164. リチャードソン(R.C.) ……… 173	201. ボイル(W.) ……… 204
165. オシェロフ(D.D.) ……… 174	Ⅶ 現在後期
166. チュー(S.) ……… 175	202. ガイム(A.) ……… 208
167. コーエンタヌジ(C.) ……… 175	203. ノボセロフ(K.S.) ……… 208
168. フィリップス(W.D.) ……… 176	204. シュミット(B.P.) ……… 209
Ⅵ 現在前期	205. パールムッター(S.) ……… 210
169. ラフリン(R.B.) ……… 178	206. リース(A.G.) ……… 211
170. シュテルマー(H.L.) ……… 178	207. アロシュ(S.) ……… 212
171. ツイ(D.C.) ……… 179	208. ワインランド(D.) ……… 213
172. フェルトマン(M.J.G.) ……… 180	209. アングレール(F.) ……… 213
173. ト・ホーフト(G.) ……… 181	210. ヒッグス(P.) ……… 214
174. アルフェロフ(Z.) ……… 182	211. 赤崎勇 ……… 215
175. キルビー(J.) ……… 183	212. 天野浩 ……… 216
176. クレーマー(H) ……… 183	213. 中村修二 ……… 216
177. コーネル(E.A.) ……… 185	214. 梶田隆章 ……… 217
178. ワイマン(C.E.) ……… 186	※ 215. 土井棟治朗 ……… 218
179. ケターレ(W.) ……… 186	Ⅷ 未来
180. デービス(R.J.) ……… 187	
181. 小柴昌俊 ……… 188	
182. ジャコーニ(R.) ……… 189	
183. アブリコソフ(A.A.) ……… 190	
184. ギンツブルグ(V.L.) ……… 191	※は附記。他はノーベル賞物理学賞受賞者。

序論

　紙面に点（point）があり、丸（circle）で囲い、中に直線（straight line）3本で三角形（triangle）、4本の四角形（square）、次は5本の指（finger）で片手となる。自然の雪結晶は六角形だ。一本不足が生物の証明。自然の環境に適応は残り不適消滅、これが大原理となる。人間は両手の相補（supplement）で結ぶと橋（brige）となる。曲線（curve）で安定だ。脳は活動の2論で順調。
（154）フリードマン（J.I.）1930〜。アメリカ。クォーク（quark）と素粒子統一論（ハドロン・強い相互作用の強粒子）で証明した。
（59）ブリッジマン（P.W.）1882〜1961。アメリカ。40万気圧装置発明し力学的性質の研究実施。また操作主義の概念を提唱、「現代物理学の論理」著。次の世代のアメリカ物理学者たちに影響を与えた。目標はグローバル（世界的）であり学者とは答えを見付けること。
　これらの内容を分析し、論理と実験の内容は、日常現象の基礎知識となります。読書終了は物を見る意識に原理が加わり深められるでしょう。前へ進むなら過去を知ることで、何かと相補しイメージが共鳴するからだ。知の握手と。
　具体的に「起承転結」「喜怒哀楽」「温故知新」の物理、感覚、知識の集積回路となる。生活とは実験場であり、西欧の比較と日本の潜在との合成から探索となる。

I
古典

※ 1.　**ピタゴラス**　Pythagoras
　　　前569〜前470頃。古代ギリシアの哲学者。

　生涯と学説は確証しがたいが、エジプト、バビロニア（現イラク、バグダッド以南の歴史的呼称）、南イタリアで活躍した。
　ピタゴラスの定理、（1）直角三角形の斜辺の平方は、他の2辺の平方の和に等しい。（2）斜辺の中点は、3頂点から等距離にある。placeの設定とcontract（契約する）動詞が前の欧米語特徴だ。確定を含む。日本人には逆説にも見える。ウラに確実が含まれてるからだ。日本語は伝達主義で反対は考えない。言語は伝達以外なしで、ラストは動詞だ。これが文化の流木拾いとなった。（3）直角を除く他の2角の和は直角（90°）である。内角3個所で、180°で並列の角度　4個所で360°。
　∠A＝∠BCH、∠B＝ACH。転移となり「核」となる。

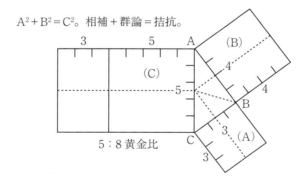

$A^2+B^2=C^2$。相補＋群論＝拮抗。
5：8黄金比

　天空の星を見て潜在を抽出した、数学と図形の融合である。さらにそれを音響に転移した。順位・焦点・面積・立体化の起承転結となる。
　ギリシア、アテネのアクロポリスの神殿は、前447〜438年に建設された。ピタゴラスの死後23年頃である。ダイナミックな構成と繊細な浮彫で、機械の無かった時代に10年位で構築は驚異であり、ま

た美しい。石を粉にして水でこねる「モルタル」は、現代でも使用。石造壁を堅固になるを知っていたからだ。確証は無理だがピタゴラスの比例から調和を認め、世界の原理を追求した時代であることは判る。(152) ケンドール参照。

(26) カマーリング・オネス (H.) (1853～1926) は1911年、超伝導 (水銀について電気抵抗が0(ゼロ)になる現象) を発見した。種々の理論が提唱されたが、1957年 (109) バーディーン (J.)。(107) クーパー (L.N.)、(108) シュリーファー (J.R.) の「BCS理論」により理論的基礎が確立された。電子対の形成に基づく微視的理論、3人の頭文字で「BCS理論」とした。

(78) 揚振寧 (1922～) と (79) 李政道 (1926～) は共同で、物理法則が左右対称であれば、量子力学系のパリティ (素粒子の内部が左右対称で符号を変えるか否かで保存の有無の決定) は1958年提証。つまり効果の条件設定となる。

(196) 小林誠 (1944～) と (198) 益川敏英 (1940～) と共同でクォーク (強い相互作用する粒子を構成する素粒子) が1973年、当時三つしか確証のなかったクォークが六つあればPC対称 (チャージ・荷電共役変換) をもつという。パリティの変化である。2人の予言は1977年に発見されbクォークと名づけられた。つまり変化はある意識の焦点変移で発生の示唆となる。原子の構成と近代原子論。

(1) ピタゴラスは図像の変化で上記の内容を追求した。(122) バンブレック (J.H.) (1899～1980) は、磁性を研究し1930年代に「分子場 (リガンド) 理論」は、今日でも化合物中の化学結合パターンを理解するのに有力な方法と電子的性質の解明は世界中で実施中。

端的に正六角形は化学式であり、雪結晶の転移でもある、雪は相転移と氷は膨張で水に浮き、液体はある温度で蒸発し気体となる、環境に適応は残り、不適消滅は自然態。人間は目的に合致で抽出、拮抗という。それが群論と併置し相補性で効果は有効となる。ピタゴラスは五線譜で音響をフィルタリング (フィルターにかける音) とコンピューター型音譜で条件に合致の選出、評価・判別のアクセスを制限

もある。頭脳は太古から実行していた。解明されたのは近代である

※ 2.　葛飾北斉 <small>かつしか　ほくさい</small>
1760 〜 1849。浮世絵師。日本。

　江戸本所生れ。洋画を含むさまざまな画法を学び、すぐれた描写力と大胆な構成を特色とする独特の様式を確立。版画では風景画、花鳥画、肉筆画では美人画や武者絵。「北斉漫画」などの絵手本や読本の挿絵もある。作品は早くから海外にも知られ、マネ（1832 〜 1883）、モネ（1840 〜 1926）らフランス印象派に大きな影響を与えた。代表作「富嶽三十六景　神奈川沖浪裏」1830年。「グレート・ウェーヴ」。
　ベルヌーイ Bernoulli（D.）。1700 〜 1782。スイス。理論物理学者。「流体力学」著1738年。と類似の著作もある。空気も物体（液体・気体）の定常流速度が増すにつれて圧力は減少し凸面に揚力が発生、鳥がとぶ原理である。北斉の絵にも波頭としぶきが描かれてある。引き付ける要素は三種、ダイナミック（躍動的で力強さ）と繊細、そしてパラドックス（逆説）であることだ。未来の抽象を潜在させる。日本人は、こんなのあるはずがない。
　前進国では、よくぞ探策できたとなる。ドイツではベートーベン（1770 〜 1827）が活躍した時代である。
　分析すると現代でも応用されている内容がある。[1]（46）ハイゼンベルク（W.K.）（1888 〜 1932）の行列式と（47）シュレーディンガー（E.）（1887 〜 1961）の波動式は、波頭と舟。[2]曲線の焦点に遠近のポイント。[3]それがパラドックスの富士山と星型の白雲で遠近を表示。[4]水平と垂直を排除で動態の表現。[5]舟・波頭・波数・雲端等の3連鎖。[6]色は青空を波色に転移し空は薄茶のパラドックス。滴（しずく）は波上と波中に少し。ゴルフボールの凹面は揚力発生用である。

量子力学の粒子エネルギーと相対性を示唆する絵である。日本人心理をよく表現している。自分の意識を具体的に表現したいと考えるが、地震や台風が、いつ現れるか不明だ。その強弱も現れた時しか判らない。この不安が背景にあり、細工を好む心理でもある。学校もなかった時代の教科書で現代は漫画や電子に転移した。

　具体的に和バサミと2本箸は、ある支点を中心に棒が自由に回転できる仕組みの大を小に、また小を大きな動きに変えられる道具である。これらを生活の途中に発見した。理論でなく経験の産物で「しなり」という。電子は知らなかった。役立つなら使用する。流本拾い文化だ。理論を好む欧米の自穴掘文化と相対的である。

※3.　オーム　Ohm (G.S.)
1789～1854。ドイツ。物理学者。

　電流や摩擦電気、放電など、電荷現象を電気（electricity）という。電荷の大小を電気量、電荷の移動を電流という。太古から雷光と知られていた。

　電子（electron）はすべての物質の構成要素で安定な素粒子の1種（素粒子は原子等を構成のより微細な粒子類）。1897年（17）トムソン（S.J.J.）（1858～1940）により、負の電荷を帯びた粒子の流れと確認され、電子の存在がはじめて明らかになった。2024 − 1897 = 127、127年前である。

　宇宙が始まったときから、電気はあった。稲妻が空を走っていた。電気現象は電荷の存在とその運動から起こる。電気は熱・圧力・光・磁気・磁界から作られる。コハク（化石）をこすると静電気が表われ、導体や半導体に現れる電荷は電子かイオンにより、誘電体では分極に見かけの電荷が現れる。電荷の大きさ（電気量）はそれが生じる電気

現象の強さから測られ、単位は「クーロン」。導線に1アンペアの電流が流れとき、1秒間に通過する電気量が1クローン。電荷には正と負があり、電気素量の整数倍となる。これらの「自由電子」は動きやすく、簡単に一方方向に運動させ、電流発生だ。

　電気導体は、どんな物質でも、電流に何らかの抵抗を生じたので、金属線は長いほうが短いよりも、細いほうが太いよりも抵抗が高くなるほど、導線に電流を流すために必要とされる電位差（ボルト・V）、電流（アンペア・I）、抵抗（オーム・R）となり、「I（電流）＝ V（電圧）÷ R（抵抗)」電気回路設計の基礎となっている。

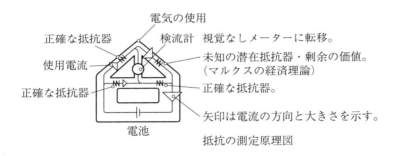

抵抗の測定原理図

　抵抗器はパワーを減衰させ、増幅なし。バイパスプラグを抜き調整ホイートストン・ブリッジの測定したい抵抗器と値が伴ってる抵抗器を1つの分圧器とし、もう2つの値が伴ってる抵抗器で2つめ分圧器を作る。両方の電圧が等しい（波がそろう）ときは橋渡検圧ゼロ。「氷上のスケート」は2つの方法で摩擦を制御する。スケートの刃を氷にくい込ませて体を前に進める。スタート時。これは電流を必要な電圧に変えるため抵抗器を使うのと同じ。次十分なスピード出たら、摩擦を減らすために刃の角度を変えて滑（すべり）続ける。不必要を抵抗の最小限に押えパワーを保存する。この[1]使う。[2]変え・[3]保存の循環が抵抗器の目的だ。エネルギー持続可能性となる。相補性と練習で覚える内容だ。子供の頃はこの可能性が不思議なのである。

　（43）リチャードソン（S.D.W.）参照。抵抗とは降雨で傘を使用と考えるといい、雨に濡れなくてすむ。

※ 4.　リンカーン　Lincoln (A.)
1809～1865。アメリカ。16代大統領。

「government of the people. by the people. for the people」（人民の、人民による、人民のための政治）。リンカーンのゲティスバークの演説（1863年）は有名。man（人類）、people（人民・住民）と不特定多数と、近世の市民革命を起こした欧米諸国に勃興、人権・自由権・平等権で、多数決原理・法治主義などが主な属性である。属性は人工性となる。人類の理想であるが実現は難しい。なぜなら、人間は強い人と弱い人。賢い人と愚かな人。善い人と悪い人が混在するからであり、拮抗・群論・相補の相対性を尊重する立場が必要となるからだ。

強い人と弱い人。賢い人と愚かな人。善い人と悪い人の3種別発言もリンカーンである。農民の子として生れ、さまざまな仕事をしながら独学で法律を勉強、1836年弁護士の資格を取得し開業。1834～1840年イリノイ州議会議員。1846年連邦下院議員。1849年引退。

1960年共和党の大統領候補に指名され当選。アメリカ南北戦争（1861～1865）。1863年1月1日、奴隷解放宣言を発布。1865年4月14日フォード劇場で観劇中に撃たれ、翌朝死亡した。南北戦争は1865年4月9日南軍降伏で終了した。

1945年8月6日広島にアメリカ軍は原爆投下、8月15日、日本は降伏し、民主主義国家となった。1945－1865＝80。（日本は80年後である）物理学で原子（atom）と取扱われる諸物質も、ロシアの化学者メンデレーエフ（D.I.）、1834～1907。1869年、原子周期表発表。化学の応用面で発展が物理学へ転移。アメリカ合衆国は世界中からの移民を受け入れる自由と平等の国とし発展、資本主義国と世界最大の経済力をもつ国となった。アメリカの（11）デューイ（J.）（1859～1952）のプラグマティズムの機能心理の創始者。伝統の絶対性、抽象性を排し、人間の欲求を実現するため道具と目的価値ではなく、それ

らを実現するための手段とした。識人も手元（手を動かす）・技術・統率と3種ある。場所（place）、時間（time）、好機（occasion）と転移できる。

　アメリカの（50）ブリッジマン（P.W.）（1882〜1961）物理学者・科学哲学者。自然科学は、基本的な概念や量は、測定の操作で定義されると操作主義を提唱。両者に共通は思考より行動とした。

　ラッセル（1872〜1970）の数学論理「無限・選出・還元」は（183）アブリコソフ（A.A.）参照。

※ 5.　シンガー　Singer (I.M.)
1811〜1875。アメリカ、発明家、ドイツ系の移民。19才で機械工。

　1839年28才削岩機、1849年38才金属木工機械の特許を取得。1851年40才、自動化の裁縫機械を開発、特許を取得。ミシンは英語machineの日本なまり。最初のミシン（sewing machine）と布、皮の縫製機は、1846年アメリカのハウス（E.）が特許、以後シンガー社などの改良が進んで世界中に普及、手縫いの裁縫自動化は世界中の女性の意識を開放した。

　その主要作動部は、(1) 針棒（削岩機の転移）、(2) てんびん棒（水平は秤（はかり）、縦・斜めは「てこ」や伝導で重宝、つまりポンピング効果となる）、(25) ダーレン参照。(3) かま（釜）、(4) 送り装置。特にてんびんとかまの連動が独特、針棒が下がるとてんびんの動きで上糸が繰出され、布を貫いて下で輪になり、同時にかまの動きで下糸が輪を通る。針棒が上るときは糸は繰出されず上下の糸はてこ作用で引締められて縫目をつくる。縫合は連動する送り装置で進行する。文字では判りにくいが、交差点の信号と人の動きに転移するとよい。当初は足踏み式の動力で手は自由、この動作は後に自動車のアクセルとブ

レーキの足踏みと手はハンドル操作に転機した。動力のピストンはエンジンとなる。回転子のはずみ車効果で変動や乱調を安定させた。意識の笑顔でもある。これが政治となる。現代は案内カム（エンジンの吸排弁）、電子制御装置を組込み針棒を前後左右に動かし、孔かがりも複雑なジグザグ縫いできる多機能は家庭用に普及した。工業用のテントなどは単能専用型が多い。縫合速度は家庭用で毎分300～500回、電動式で1500回程度、工業電動式で5000～6000回の高速機もある。シンガーは機械時代を創始。動機の存在、原理の論理、応用の観念、効果の意識と起承転結の連鎖。販売も直接、月賦、下取販売と多様、世界中に拡大した。共通は動態となり、「動・待・即」の3種。欧米の大陸性で自穴掘文化。経済も投資的。文化にも反映し歴史的だ。聞くと状況次第だと言う。他者に判るはずはない。存在がすべてである。シェークスピア（1564～1616）はいった。「存在するか存在しないか、それが問題だ」となる。年代は「人殺しもいろいろとある」とよめる。

　人間の男と女の区別は生まれ付きであり、生涯の間従うことになる。シェークスピアは18才のとき8才年長のアン・ハサウェーと結婚した。劇作の大枠は彼女が構成し、シェークスピアは社会性と融合しまとめたと考えられる。二人三脚だ。現代は科学の発展で国家毎と拡大である。宇宙の原理の一つでもある。

※ 6.　マルクス　Marx (K.H.)
1818～1883。ドイツ。**経済学者。**

　科学的社会主義の創始者。経済は物流回転体で停止なしの群論と「人工量子」となる。1848年エンゲルス（1820～1895）とともに「共産党宣言」を執筆。人類は原始時代から集団社会の実施で繁栄してきた。記録された文字の発生と人間の歴史は中東のメソポタミア（西ア

ジア、ティグリス、ユーフラテス両河の間、メソポタミア古代文明で灌漑農業、天文学の発達、楔形（くさびがた文字）で紀元前四千年頃と考えられ、遺跡から発掘された。約六千年前。地質学的に六千年は45億年の地球発生から時間は一瞬である。地上では生物種と人間は生活の場と資源を得るためにたえまなく戦っている。目的は環境に勝つためで、不適は消滅するからである。原始時代から人類は「共産」と資産・生産手段などをその社会の構成員が共有することと、老人や子供達を養い生活してきた。持続可能性は現代でも同様であり、変化は生産が効率化で操作を知ると知らないとの差が拡大したから調整の発生である。これが難しい。(45) ラマン（S.C.V.）参照。

　出来事も原因が一つではなく、出来事が増えていく。結果が一本の糸になることはない。量子力学では多数の中から実行はただ一つと限定し他を統一と仮定する。設定は「Yes・No」の2種に凝縮である。意識を事実と事実、結びつけ、物と物を結びつけることは回避だ。「語り得ぬものについては、黙っているべきだ」となる。しかし何かを「示し」はする。それが大事だとなる。記号や現象に転移し「祈りとは、人生についての思いである」とする。バイパス論だ。主義主張は「真と善と美」を見つめる。

　具体的に (6) マルクスは「剰余の価値論」とまとめた。存在の価値より持続の優位を示唆した。状況が変化したなら意識も変化してこそ価値もある。人間は加令で生理的機能は変化していく。生物であるからだ。島の発生も当初は円形の波から浮上する。頂上はひとつだ。圧力の差から分割し峠ができる。「峠の数＝山頂の数＋湖底の数−1」と公式で峠が剰余の価値となる。「$n-1$」とは全体から残ったものである、最大値原理となり数式によく応用される。湖底が一つなら峠は三つ、湖底が二つなら峠は四つなければならない。四つめ峠は二つの峠の間にある。峠を増せば湖底も増える。これが論理となる。

　ノーベル賞物理学賞受賞者分析事項。
　1．(1903 (1/3) (2/3)) (12) キュリー (M.)・(13) キュリー (P)

は夫妻。

2．(17)(1906(単))トムソン(S.J.J.)1856〜1940と(53)(1937(2/2))トムソン(S.G.P.)1892〜1975は親子。

3．ケルビン(K.W.T.L.)1824〜1907(1848年絶対温度導入)本名はトムソン(W.)。

4．(35)(1922(単))ボーア(N.H.D.)1885〜1962と(1975(1/3))(116)ボーア(A.N.)1922〜2009とは親と息子。

5．(38)(1925(1/2))フランク(J.)1882〜1964、ドイツ系アメリカ。(82)(1953(3/3))フランク(F.Il')1908〜1990、ロシア。

6．(39)(1925(2/2))ヘルツ(G.L.)1887〜1975、ヘルツ(H.R.)1857〜1894振動数単位名設定者の甥。

7．(41)(1927(1/2))ウイルソン(C.T.R)1869〜1959、気象学者。(124)(1978(1/3))ウイルソン(R.W.)1936〜。電波天文学者。(135)(1982(単))ウイルソン(K.G.)1936〜2013、相転移。

8．(43)(1928(単))リチャードソン(S.O.W.)1879〜1958、イギリス。(164)(1996(2/3))リチャードソン(R.C.)1937〜2013、アメリカ。

9．(45)(1930(単))ラマン(S.C.V.)1888〜1970の甥が、(136)(1983(1/2))のチャンドラセカール(S.)1910〜1995、インド。

10．(50)(1936(1/2))アンダーソン(C.D.)1905〜1991、アメリカ。(121)(1977(1/3))アンダーソン(P.W.)1923〜。アメリカ。

11．(87)(1960(単))グレーザー(D.A.)1920〜2013、アメリカ、34才受賞。

12．(76)(1956(2/3))・(109)(1972(3/3))バーディーン(J.)2回受賞。

13．(132)(1981(1/3))シーグバーン(K.M.B.)1918〜2007は(37)シーグバーン(K.M.G.)の息子。スウェーデン。

14. （153）（1990（2/3））テーラー（R.E.）1927～。カナダ。クォーク発見。（157）（1993（1/2））テーラー（J.H.Jr.）1941～。アメリカ天文物理学
15. （21）ラザフォード（E.）1871～1937。ニュージランド生イギリス。1908年化学賞受賞。化学者であり、物理学者でもあった。原子模型提示。
16. 受賞者に受賞年欠番、1916・1931・1934・1940・1941・1942とある。社会事情の変化。
17. 表示の（単）は単独者。1/2・2/2は同年2名。1/3・2/3・3/3は同年3名の略記。最初は1901年。
18. 受賞者生存年数は2015年の資料に依る。

II
近代前期

7.　レントゲン　Röntgen (W.C.)
1845～1923。(1901 (単))　ドイツ。物理学者。1900年ミュンヘン大学教授。

　1895年陰極線（1859年、プリュッカーが真空放電の実験中にガラス管壁に発生光と真の電荷の粒子流で電子の存在発見）を研究中、黒い紙、木片など不透明体を透過する放射線を発見、X線と名づけた。γ線（ガンマ）と紫外線の間。蛍光・電離・写真作用があり、それを利用して検出・測定・透過などに応用し物理的・化学的の電荷転移などで突然変異、細胞分裂の異常化などに影響を与える。物質構造や電子内部に関する基礎知識をもたらした。化学の分光分析、医学の癌・腫瘍（がん）治療、工業の測定、透過検査、美術品の鑑定、考古品の年代測定等多方面の利用が開発された。レントゲン写真は骨や金属は透さず肉類や衣服は透過する。X線は、電磁波（electromagnetic wave）の一部で、電場と磁場が相って空間を波動と伝わるロープ波の横波、対向の縦波は音波。固体中の音波には横波も含まれる。ヘルツ（H.R.）（1857～1894）1888年発見。

・3要素、植物は「光・熱・水」、動物は「色・臭・速さ」、物理は「P・T・O」（place・time・occasion）、数学は「無限・選出・還元」、(151) ラムゼー（N.F.）参照。

　電磁波解説図、Hz（ヘルツ）1秒間n回の振動数・周波数の単位。
　伝播速度は光速（30万km／秒）と同性質。
　X線は0.01～10nmの間。可視光線は約380um～780nmの間。(nm) ナノメートル10億分の1で、1オクターブの色別であるとする。(143) ローラー（H.）参照。

　1888年ヘルツ（R.）により電磁波の存在が実証された。1895年(22) マルコーニ（G.）が火花放電を応用の電波を用いて無線通信に

II　近代前期

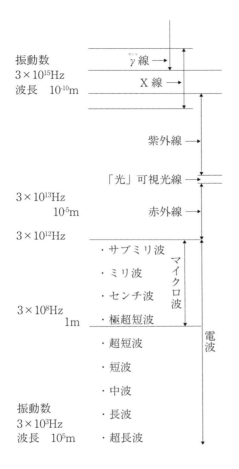

成功、今日の無線通信時代と発展した。絶頂は電磁波（electromagnetic wave）となる。電磁場の周期的な変化が真空中や物質中を伝わる横波（ロープ波）や音波の縦波。（固体中は横波も含む。）

電気と磁気の存在は3千年前から知られていた。雷鳴と磁石で南北を指すが磁気は見えないの因子でもある。

ファラデー（M）（1791～1867）イギリス・化学者が1831年実験で電気は磁気を、磁気は電気を作ることを発見し、電磁気の「流体」で運ばれ物を引き寄せたり、反発すると見える現象の発見である。化学とは電荷の配置換えである。自然の力・エネルギー保存の法則だ。古代中国では赤熱の鉄を北南にし冷やすと磁石になると知っていた。電磁スペクトル（分光虹分色）、高度では赤高温、ムラサキ低温だ。

電磁波。電荷（電気力の働く空間をいう）と磁場磁界が相伴って空間を波動と伝わる磁気力（磁場を生じさせるもの）N極とS極の強さは等しい磁極をもつ。磁石を水平につるすと北向きは北極、N極、正極（＋）。南向きは南極、S極、負極（－）と名づける。地球（天体はすべて）が磁石であり磁場を有するから発生（万有引力）する。地球自体は北がS極で引力（＋）が働き、南が斥力でN極（－）の働き

となる。磁石は必ず1対の磁極をもち、単独はない。古代中国では、赤熱した鉄を、南北方向に向けて冷やせば磁石ができる。だから電気は（＋）から（－）へ流れて電荷・電気量が発生し電場となる。電気は熱・光・圧力・磁気・磁界で作れる。南極大陸は数億年前は恐竜が多かった森林地帯、その大陸が北上しあちこちに化石が見つかった。地軸回転の底(ソコ)だったからだ。北上したのだ磁石効果もある。電子電化（－e）で、陽子電化（＋e）である。電荷は電気素量の整数倍であり、微視的な粒子、原子核は電化Zeをもつ。極小で「$1.6 \times 10^{19}C$」だ。電気素量の1/3電荷をもつ粒子（クォーク）のは1994年に実在確証された。自然界最小の電荷eであり、強い相互作用力の代表。その他は弱い相互作用の集団と原子は構成されている。(42) コンプトン効果、電磁波は行列と波動の双方ある実証。「電磁相互作用」は「くりこみ理論 (98) 朝永振一郎参照。超多時間論ともいう。P・T・Oの3要素が絡む多様性となる。2つの固体が接し相対運動の接触面運動の抵抗は摩擦（friction）力と電荷（electric charge）は常時相対する。それでも宇宙に浮遊の粒子（ニュートリノなど）は存在する光線的だ。これらの活動は物体も通過する、その因子は不明だ。物理学の発展で判明したが、不明も浮上した。

8. ゼーマン　Zeeman (P.)

1865～1943。(1902 (1/2))、オランダ。物理学者。1900年アムステル大学教授。

　1896年「ゼーマン効果」発見。・現象には2次・3次が発生し、新発見につながる。相補である (9) ローレンツに師事し、強い磁場中に置かれた光源からのスペクトル線（光や電磁波を波長分解し順に並列、虹色。分光器での分光線。連続スペクトル、線スペクトル、帯スペク

トトルとある）が数本に分かれることを発見した。それは、（9）ローレンツの電子論を実証するものとされた。原子内の電子の公転面が磁場の量子条件でエネルギー準位の分離。異常ゼーマン効果は電子固有の角運動量スピンで1925年説明された。ニュートン（S.I.）（1642〜1727）が1672年発表の「ニュートンリンク」（平面ガラス上に凸面を下に重ね、上から単色光をあてると円心円状干渉色じま発生）の量子論的解析である。

人間の眼は光の波の周波数の小か大（一組）と強度に反応し波形（干渉・回析）経過時間には反応しない。調整にバイパスプラグ（4つの抵抗・摩擦）が必要。2種、（62）エリクソン（E.H.）（1902〜1994）精神分析学者。「モラトリアム（8ライフスタイル）」と（6）マルクスの剰余の価値。新干渉・回析が発明となる。抵抗器の抵抗は摩擦の役割。（150）パウル・トラップ効果である。

9. ローレンツ Lorentz（H.A.）

1853〜1928。（1902（2/2））オランダ。物理学者。ライデン大学教授。

1896年発光する原子を磁場中に置くと、1本であったスペクトル線が数本に分かれるという（8）「ゼーマン効果」を説明するために、（9）ローレンツは電子論を展開した。ローレンツ因子である。局所時間の提唱（1895）。「$1/\sqrt{1-(v/c)^2}$」vは2つの座標間の相対速度または粒子の速度、cは真空中の光速度。これを（34）アインシュタインは特殊相対性理論のローレンツ数値の等価性とみなした。さらに発展し「$E=mc^2$」とエネルギ概念となる。

電子は1897年（17）トムソン（S.J.J.）が、真空放電の研究から電子の存在を明らかにした。また電子はケーキの包体と考えた。当時は群論の相補性が不明の時代であり、多様な電子効果から群論で核の発

生が原子核であり、(9) ローレンツは数式で構成。(34) アインシュタインは現実分析から再構成。(17) トムソンは融合構成となる。予言・理論・数学・実験と順序があり、起承転結となる。

※ 10.　ベルグソン　Bergson (H.L.)

1859～1941。フランス。哲学者。

「エラン・ビタル（生動）」の提起。1927年ノーベル文学賞受賞

　著書「物質と記憶」（1896）。「創造的進化」（1907）。「道徳と宗教の二源泉」（1932年）。（九鬼周造（1888～1941）は師事した。）（いきの構造）（実存主義哲学）。

　邂逅（かいこう）は記憶を呼び覚ます。多くの動物は触覚受容器と触板、毛根終末、人々は閥と血縁、地縁、出身校、属性、関係性で形成され集団を構成、有利をめざす。植物は根を張り水をもとめ、葉を広げ光の拘束とする。存在の条件であり環境の再生。自然現象は存在のすべてに、人間は目的がありその効率を追求する。

　触覚（tactile sense）は、3種、脊髄動物は脳と体表とのセット、昆虫は触角、微細な単細胞の菌類は出芽による。皮膚や粘膜の表面に接触の反力、電荷の配置換えを感覚（sense）という。位置は触点。その分布は舌端、四肢の末端が最鋭敏感。又、凸部は強、凹部は弱。皮膚と粘膜の移行部と境界の唇、肛門周囲、まぶたなどには特殊な触覚受容器があり、脳への神経も集中してある。（111）ゲーバー。（トンネル効果）（112）ジョセフソン（超伝導とトンネル効果セット）。

　邂逅は記憶を呼び覚ます。夢も記憶を呼び覚ます。記憶の再生となり、「温故知新」で何故か。乳児は希望・意志・目的を教えなくとも生理活動する、遺伝子効果だ。快感と不快の間を交錯。物理は六角の無限、雪の結晶体で化学式。人は五角で安定を好む。何かを外す。強

弱・賢愚・善悪で裏と表がいれ替る。自己満足の最大値（最強でなく）は何か、フィルタリングで獲得が（83）ポントリャーギンで数学者の発見。数学は「無限・選出・還元」と記号論理で、実験の効果をモデルで説明の公理となる。（151）ラムゼ（N.F.）。さらに（59）ブリッジマンは、自然や物理は概念や量は測定の操作で定義できると記録や写真の操作主義。（11）デューイは欲求充足の道具主義。（62）エリクソンは、生態連体の自己満足は優先の「執行猶予」と転移した。共通は社会や人間関係の発達に焦点を当てた（当初に他者への信頼感の設定）。重要は加令で相互に関係が不連続と危機がはらんでいることだ。それを乗り越えて次へ進めるかとなる。具体的に（6）マルクスの剰余の価値は重要となることだ。意識あっても身体が加齢で変化するからである。心理は客観、精神は主観。（62）エリクソン（E.H.）参照。

※ 11. デューイ　Dewey (J.)
1859～1952、アメリカ、哲学者、心理学者。プラグマティズム創始者。

　自然体を加工する日本人（庭師）、意識を鍛える欧米人（論理）、ポンピングで効率化した中国人（「てこ」と「磁石」で）、近代は原理を集積回路（integrated circuit・「IC」）と形体化した。これらを予想したのがデューイの「プラグマティズム」（道具主義）と機能心理学となる。伝統的哲学の絶対性や抽象的思弁を排し、哲学的思考は経験による人間の欲求を実現するための道具で、真理は善や美と並ぶ目的価値ではなく、それらを実現するための手段とした。「インストルメンタリズム」と訳され、道具主義、器具主義と訳される。具体的に [1] 評価基準は適応度で [2] 適者生存だ。[3] 生活資源は4種（家・光・食物・伴侶）。優劣あり正誤なし。そのために戦う。実験主義とほぼ同意で

ある。時間の凝縮とコンピューターや自動車は人間の意識と行動を拡大させた。さらに「AI」(人工知能)と内容吟味と発展した。イノベーション(技術革新)とあばれ馬で調教・潜在能力・法制・競争等必要。天動説から地動説へパラダイム(ルール)転換知へとなるが、まだ我々は状況学び中であることだ。科学は我々を長寿と豊かさを充足してくれたが、どう生きるべきかは教えてくれないのである。それが浮上した。

・人は生きるために住か・日光・食物・伴侶の4種必要。
・科学で重要は量子物理学と分子生物学であり遺伝子工学。
・目的は共通善とは何かだ。個性で1本の糸にはならない。
・予想・原理・応用・効果と順序がある。起承転結という。
・動物は機械であり、人間体も機械なのである。
・根底にニュートン(1642〜1727)の1)慣性。2)加速度。3)作用と反作用の力学の法則がある。
・共振がそうだ。ブランコは見える。味と匂いは見えない。発声と言語。
・吊橋破壊。原子核破壊。恋心。車軸と車輪。
・教育は意識共振。体験で確認。日本人のハシと和バサミ。しなり。
・天体は自転(共振創起)で空間浮上。相対性がエネルギー。
・粒子動体は電子包体で共振体化。光子と交換。量子力学。
・物体は力で変り、限界で破壊、それでも変らないのは時間^{time}。
・そこで発生は時間短縮のコンピュータ(「IC」の集積回路で)。超伝導体(リニアモーターカー原理)。
・整理すると4種力の「強・電磁・弱・重力」となる。
・解説の波型転移で説明多い。人の眼は光の干渉・回折と経過時間には反応しないからだ。(8)ゼーマン(P.)参照。
・浮力と遠心力(タネまき・カーブ時のオートバイ運転手軸線(重力波))と変形も多い。底波は水平化「陶酔の夢中熊」。意見の差は重力波の角度と速度である。
・コーモリは超音波利用の解覚を視覚化。まとめて電磁波。

・ポンピング（天秤のテコ応用原理）で集積回路（「IC」）と電荷（電子効果）の移動。セットで消滅。
・環境に適応残り、不適消滅が自然原理。最大と最善願望。
・拮抗・群論・相補となる。多数決は善と悪の双方化だ。

　現代は携帯電話の中継基地と人工衛星があり、世界中に利用されている。実用は地上から宇宙へ拡大した。学術（学問と科学）は応用の逆算で原理を攻める。政治は現実を攻める。注目すべきは世界中が「プラグマティズム」のステージとなった。世界中のニュースが家庭のテレビに現れ、隣の町と世界が視覚の同値である。時間差の凝縮に潜在の遠心力はどこを、何を目指すのかとなる。効果に求める価値論は人類が太古から追求し、存在・変化・原理を探索してきた「共通善」となる。相対性、相乗性、統一論と人工原理となる。抽出は表出を強調、同調を舞台で他人の発言で「マスコミ」と発展した。入れ換えの強調が武器だ。分配で地均しとなる。価値は存在と循環する。進歩と統合の世界観を追求する。在る無しでなく、何故あるのかととなり、人間はそれを好むのだ。P（place）・T（time）・O（occasion）と3種ある。(1) 夢中と夢の中、(2) 自覚を失うこと。(3) 物事に熱中し我を忘れることだ。交換は客観（明示された）。入れ換えは主観（現実と明示しつつある）となる。心理と精神に転移し具体的に系統樹と工程表となり、誰でも「扇」の裏・表と使用。摩擦を減らすためにスケートの刃を変えて滑り続けることだ。(3) オーム（G.S.）、(10) ベルグソン（H.L.）参照。

12.　キュリー・マリィ　Curie marie

1867～1934。(1903 (1/3)) ワルシャワ生、フランス。**物理学者。**

　ポーランドで住込みの家庭教師で数学と物理学を独学。24才でパ

リに行きソルボンヌで物理学と数学を修めた。ソルボンヌで研究中に、ピエールと知って1895年結婚。当時（14）ベクレル（A.H.）が発見したウランの放射能を追ううち、トリウムにも放射能を発見。以後、夫妻は共同で放射性物体（放射能）を追跡、1898年新放射性元素、ポロニウムとラジウムを発見した。放射能の発見は、原子の崩壊を実験的に証明し世界中を驚かせた。マリーはソルボンヌ大学の教授となり（1906）、金属状態のラジウムを単離（1911）。晩年はラジウム研究所所長をつとめた。

電気は熱・圧力・光から磁気・磁界となって作られる。2種の導体を2か所で接触させ、一方の接合部熱すれば、各部の間に温度差が生じ電気が発生する。ゼーベック効果（1770～1831）だ。端的に男女が手を握りあえば体温差で発電する。逆に、回路に電流を流す（会話伝達）と、接合部に温度差が発生し発熱する。ベルチェ効果（1788～1842）で双方とも圧電効果（19）リップマン参照）であり、人体は発電所なのである。神経刺激は脳が心理と構築する。それが認識と体験や知識でクリア（clear）すると精神・気力となる。

13. キュリー・ピエール　Curie Pierre
1859～1906、（1903（2/3））フランス。**物理学者。ソルボンヌ大学教授。**

結晶の研究から圧電気現象を発見。結晶の対称性を理論的に説明。これは後に（78）揚振寧と（79）李政道のパリティーに発展。1895年キュリーの法則は熱が磁性に及ぼす効果と、キュリー温度は磁気転移温度の変化。相転移と水蒸気から水、水から氷への転移などがあり、二次相転移は磁性体の常磁性から強磁性相転移、合金の無秩序転移などがある。マリーと共同で新放射性元素を発見した際、放射線の測定

に電離箱と圧電気計を発明、$α$線・$β$線・$γ$線を発見（1903）。電離箱は（41）ウイルソンの霧箱発明に発展。圧電効果は（19）リップマンの毛管電気現象に発展した。圧電効果は拡大し、レコードの再生音、ポケットベル、着火の手動火花発生器などがある。タッチパネルだ。原理・転移・応用・効果・改良と現象は微細と拡大へ向かう。ピエールは馬車に挽かれて死亡した。

　スペインの建築家がウディ（1852～1926）も、電車に挽かれて死亡した。思慮中と立ち止まったのか、フェーズ（様相）ともいう。圧電効果図（19）リップマン参照。

14.　ベクレル　Becquerel（A.H.）

1852～1908、（1903（3/3））フランス。物理学者。1895年エコール・ポリテクニク物理学教授。

　放射能の強さを表す単位ともなっている。1ベクレルは放射性核種が1秒間に1つの割合で崩壊するときの放射能。記号「Bq」。1896年ウラン鉱石から出る新放射線を発見。放射能研究の端緒を開いた。放射線が電界・磁界で曲ること、一部は陰電子であること確認した。放射能とは、原子核が$β$線・$γ$線などを放出し、崩壊や自裂分裂する時間的割合で、1975年、国際度量計総会で制定。福島第一原発事故の放射能汚染物質の処理について選定は難航。100年後には1/16となる。世界で初めての土壌汚染といわれている。

　（34）アインシュタイン（A.）は、光量子仮説の自由電子を生じる現象の光電子エネルギーとし、巨視的な相対性理論を構築した。また質量とエネルギーの等価性も抽出した。意識を認識に転移。フランスの哲学者（10）ベルグソン（1859～1941）は生動（エラン・ビタル）を提唱。変化とは別の正衡性。この時代を象徴している。

15. レイリー Rayleigh (J.W.S.I.)

1842〜1919。(1904(単)) イギリス。物理学者。ケンブリッジ大学総長。

　研究範囲は広く、最高を追求。

　男爵位継承。総長と高位願望と研究にも現る。教祖性。数学駆使で物理現象解明。「アルゴン」1894年発見。希ガス素のNO18族周期ラスト。液体空気を分留し得る。(化学分析として「キャリアーガス」と使用、放電管・電球封入・原子吸光等に使用) 停止体と役立つのだ。他元素とは化合しない。「argon」ギリシャ語で「働かないの(なまけもの)」意。化学結合とは電荷の転移。(6) マルクスは「剰余の価値」と音波、光学、色彩、電磁気、流体力学、毛管現象、粘性等。光の散乱は強度と波長と関係を求めた。空気に0.93%含む。1712年英文人アーバスノットの「ジョン・ブル史」太った牛の意、イギリス人のあだ名。「質実剛健」。レイリー散乱。光散乱の一つ。光波長に比べ小微粒子で発生、光波長無変化をいう。空が青く見えるのもレイリー散乱で説明できる。散乱強度は波長4乗に反比例。

　ニュートン・リンクは光が波動を示す。光が波動(波)であり、水は上下に動くが移動しない、共に拡散はエネルギーが干渉(屈折と回析)するからだ。水平面から上下続移動体。連続可動性＝サスティナビリティ。

16. レーナルト Lenard (P.E.A)

1862～1947。(1905 (単)) ドイツ。
物理学者。1907年ハイデルベルク大学教授

1903年「レーナルトの原子模型」提唱。

紫外線（電磁波の一種）による金属からの光電効果（物質が光エネルギーを吸収し自由電子を生じる現象）。ケイ光（蛍体）が光の刺激を受けて発光現象、光照射終ると消滅。光照射で発光すること。光照射が終わり数秒続く場合は燐光（りんこう）という。連続は炎となり、光電気伝導性を研究。電子の存在を確定。背景に水は上下動のみ、風のエネルギーで波となり、1/7の高さは光エネルギーで波頭は白色だ。

超伝導（superconductivity）超電気伝導ともいう。ある種の金属や合金の電気抵抗が、ある温度以下で急にゼロになる現象。超伝導体で作った閉回路（回路）は外からの起電力を遮断しても電流を流し続ける。永久電流という。1911年（26）カマーリング・オネスが発見。水銀の電気抵抗がある温度（数Kの極低温）での変化である。強磁場では、通常状態へ戻る。(47)「シュレディンガーの猫」は「生と死の同居」とした。

その桟構の理論的解明は、1957年（109）バーディーンらの「BCS理論」で微視的理論で説明された。これを実用面で開拓されたのが、「リニアモーターカー」の原理で軌道から連体を浮かして急速化できる。

レーナルトは、ユダヤ人排斥に同調、(34)アインシュタインの研究を「ユダヤ物理学と攻撃。自身は「ゲルマン物理学」とした。

17. トムソン Thomson (S.J.J.)

1856〜1940。(1906単)。(53) トムソン (S.G.P.) の親。イギリス、物理学者。キャベンディッシュ研究所、1886年同教授。

1897年真空放電の研究から電子の存在を明らかにした。人間社会は大きく変ることになる。物質の構成要素の1つであることを確認、初めて原子模型を提唱した。

また（21）ラザフォード（E.）などすぐれた研究者を育て、近代原子物理学の基礎を築いた。1912年、ネオンの同位元素（アイソトープ、原子番号が等しく、質量数が異なる原子または原子核を互いに同位体であること。融合（＋）と分裂（－）の2体電荷。スイッチon待状体質量分析法ですべての元素に同位体が見出される。テーブル上料理は皆さん同位体。また人工的に放射性同位元素がつくられている。

トムソンは電子とは、ケーキの包体と考えた。陽子の1840分の1の質量その中に包みこまれる原子核が存在するのだ。息子の（53）トムソン（S.G.P.）（1892〜1975）は、電子の回折像から、電子が波動的性質の明確。(44) ド・ブロイ波（粒子波動性を強調用語）。物質波ともいう。光は干渉や回析現象の波とされたが、光電効果などで光は粒子とふるまうと電子線で実験的に確認された。現実に粒子で波動を包むとなり波動と行列の統一となった陽子にも波が認められるため、一般に粒子波動性の強調はド・ブロイ波となる。しかし波動は相互作用で自然消滅する。初めの波紋は見るがあと消える。

自穴堀の欧米文化は、変化・転移を主観の動詞は前だ。流木拾文化の日本は、四季変化・地震・台風もあり強弱不明で結果と判明の伝達から動詞は後だ。この意識を物理学に媒介・応用は（68）湯川秀樹・（98）朝永振一郎・（197）南部陽一郎等。原理で証明から媒介・転移・位置変化等も加わり社会意識は相補曲線となる。

18. マイケルソン Michelson (A.A.)

1852〜1931。(1907(単)) ポーランド生。アメリカ。物理学教授。シカゴ大学教授。

　1881年マイケルソンの干渉計を発明、それを用いて光速度の決定を行った。真空中の光速度Cは30万km/sである。1秒間に地球の赤道を7.5周する。空気中の音速の約90万倍。直進で四方に発進、障害があると反射する。地球と太陽間は1億4900万km「14,900／(30×60(秒)＝8.27」8分27秒かかる。「8 $1/2$」とイタリア映画(85)セグレ(E.G.)参照。真空中光速度は「2.99792458×10^8m/s」。

　現象の発生・経過・終了の順序を記述するために一次元の連続点を時刻、二つの時刻の間の間隔を時間。時間の終了はなく、別の現象へ移行となる。時間間隔は、一様な繰り返す周期性変化の現象を基準にとればよい。日中は振子時計、地球自転周期は1日、一年は太陽の周囲を地球が1回転する周期となる。地球上の地点によって変動する場合は原子時計が用いられている。天文航法や測地学では地球公転を基準とした世界時計、天体運動の研究では暦表時計、物理学では原子時計だ。相対性理論では、両変数は独立でなく、両変数を合わせた四次元の時空座標で時空世界(四次元空間)を形成し、系の運動状態によって異なる。ある規準時に比べ運動する基準系の歩度は遅れる。これを考慮して構成の相対論的な場の量子論が、多時間理論(98)朝永振一郎論および超多時間理論(197)南部陽一郎論)である。多くの物理法則は時間反転(時間変数の符号の逆転)しても成立する。これは可逆性原理とする。時間間隔の単位は「秒」とする。分、時間、日、年は補助単位であり、この可逆性はない。

　干渉計は光の回析と干渉を利用し融合現象分析となる。波長・波長分布を測定し、2地点間の距離、物体の長さ、屈折率の精密測定など

に応用する装置となり経過時間である。(a) 光はすき間あるとそこを通過する。(b) 2穴通過で明・暗・中間の3種光で平面板に干渉じま発生する。(c) 干渉は動体となる。(d) シャボン玉の色変化体と、クジャクの尾羽は歩行で変化。(d) この平列は (57) ラビ (I.I.) の発見による、共鳴の参照波。散乱の物体波は自然波。この2つの波は干渉し合う。(94) タウンズ (C.H.) のメーザー・レーザーの提唱へ発展した。建築空間内の移動は干渉・回析の連動で、予想との差は強意識となる。

19. リップマン Lippmann (G.)
1845～1921 (1908 (単))

フランス。物理学者。1888年　パリ大学教授。

　毛管電気現象の研究。1873年、毛管電位計を発明。光の干渉（ニュートン・リング。凸レンズを平面ガラス上で、単色光で環状の干渉縞発生）を利用し初のカラー写真法を発明（1891）。無定位電流計、加速度地震計、圧電気を示唆した。(13) キュリー (P) が1880年頃初めて研究された。圧電気 (piezoelectricity) 水晶・電気石・チタン酸バリウムの結晶体やセラミックスを圧縮または伸張するとき、両極間に電位差が生じる現象。（音・情報を読取り電気信号に変える部品）ピックアップ・マイク・受話器・スピーカー・電気スイッチなどに利用。ピエゾ電気ともいう。人間の感覚では5感（視・聴・嗅・味・触）覚となる。デバイス (device) 電子回路の基本的な素子だ。ある方向から圧力加えると、決った方向に誘電分極し、両面に正負電荷発生。1880年、ピエールとジャックが発見。「タッチパネル」。図解したのがリップマン。デバイス（特定機能を果す装置）。

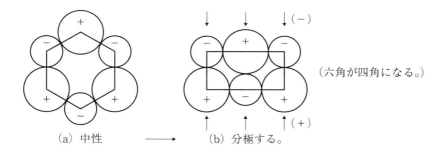

(a) 中性 ⟶ (b) 分極する。　（六角が四角になる。）

- オートバイの傾斜コーナーリングも同様、速度で変形（重力波）。
- 変化のプロセス（手順）が（3）オーム図となる。(59) ブリッジマン参照。タッチパネル普及は、内容知らなくとも選出でき、効果の過剰や真偽が浮上した。現代人はタッチを無意識に使用である。

20. ブラウン　Braun (K.F.)
1850～1918（1909（1/2））

ドイツ。物理学者。1895年、シュトラスブルグ大学教授。

　1897年、ブラウン管発明。真空ガラス管内で電気信号を光学像の電子流により整流、増幅、発振、スイッチ操作など動作させる電子管。現代はトランジスタなどの半導体元素に置き換えられている。テレビジョン・レーダー・オシロスコープなどに利用される。電気信号を光学像に変える陰極線管で管中に（1）電子ビームを作り、（2）外部から加えた信号により、（3）信号方向が変化する操作。このP（place）・T（time）・O（occasiom好機）操作の電子流はエレクトロニクス・electronics（電子工学）と人間社会を革命的に変えた。人工衛星を中継基地とし、携帯電話、テレビの受像、信号のグローバル（世界的）

は現代社会の必需と成長した。計算機が発明され、(67) ノイマン (J.V.) は、ゲームの理論で集積回路「IC」を発明。トランジスタに次ぐ技術革新をもたらした。1970年代。同時に数値計算を論理型の言語・知識ベースの「AI」(人工知能) に置換も発展し「アナログ」は「デジタル」社会と変化した。経過時間消滅の電子速であり、指摘は (113) デリダ (J.) の脱構築 (デコンストラクション) となる。

※ 21. ラザフォード Rutherford (E.)

1871～1937。イギリス。ニュージーランド生、物理学者、1908年ノーベル化学賞受賞。

1898年放射能研究。α線・β線・γ線の別を明確。1902年原子崩壊説を提唱。1909年α線がヘリウムの原子核と「ラザフォードの原子模型」1919年α線による最初の原子核人工変換に成功。
(1898年) (12)・(13) キュリー夫妻が放射性元素、ポロニウムとラジウムを発見し、α線・β線・γ線を発見。3種あることは判った。放射能の発見は、原子の崩壊 (核崩壊) を実験的に証明し世界中を驚かせたが因子不明だった。

原子の内容不明確時代であり、ロシアの化学者メンデレーエフ (D.I.) 1834～1907が1869年周期律の発表から、化学者・物理学者が研究中であった原子と電荷粒子を発生はなく、分割できるきる物質の最小単位の元素の性質の最小単位は、ラザフォードによる統一的な原子論の提唱と、モーズリー (H.G.J.) (1887～1915) が1913年の「モーズリーの法則」原子番号のもつ物理的意義の解明まで不明であったからで、原子は1) 原子核と核外の2) 電子から成ることが確かめられた。すべての物質は分子の集りから成る。

さらに、分子は化学結合と電荷の配置換えであり、結ばれた原子から成る。個々の電子と原子核から構成される。(17) トムソン（S.J.J.）は電子とはクリスマスケーキの包体と考えた。

　原子もまた大きなエネルギーを加えることによってその構成粒子に分けられる。加速器で実施された。(55) ロレンス（E.O.）参照。

　原子核を構成する[1]陽子と[2]中性子および[3]電子もさらに巨大なエネルギーを与えると、寿命の短い各種の[4]素粒子に分けることができる。素粒子は日本語では「アイウエオ」の母音に相当の「母音三角形」がある。原子の中央に陽子と中性子から成る稠密な中心部である核がある。

　これらの核子は小さいが非常に重く、核は原子全体の質量の99.9%以上を構成するが、体積はおよそ「10^{-14}」を占めるだけである。陽子は正の電荷をもち、中性子は電荷をもたない。さらに小さいクォークがある。陽子の数が原子番号だ。原子番号が同じでも中性子の数が異なる原子は (89) メスバウアー（R.L.）参照。「アイソトープ（同位元素）」だ。磁気特性を示す。原子の研究は[1]水素原子スペクトル（電磁波）解析、[2]アイソトープの発見、[3]量子力学の導入。原子（atom）。[4]素粒子発見などで補足され、現在にいたっている。

22.　マルコーニ　Marconi（G.）

1874〜1937.（1909（2/2））　イタリア。物理学者。電気技師。工業学校卒業。

　1895年、ヘルツ（H.R.）（1857〜1894）が発見した電磁波を知り、通信装置に応用を発想、成功した。自然は大から小へ、人間は小から大へと起承転結する。結抗と勢力の力がほぼ等しく、相対抗し、優劣のないことを発見すると用具と利用する人間の意識だ。電磁波と発声の音波、可視光線も結抗で群論の相補性と転移の発見である。具体的

に1824年、(3) オーム (G.S.) (1787〜1854) の「オームの法則」。(18) ゼーマン参照) は起承転結を分析してる。(19) リップマンの圧電気 (1873年発明) は、人間の5感覚のタッチパネルだ。視・聴・臭・味・触覚を意識する。1896年、ロンドンに渡り、イギリスでの無線電信の特許を得る、イタリア、アメリカなどに無線電信会社を設立。年々改良を加えて通信距離を延ばし、1901年大西洋をへだてた通信に成功した。1902年磁針検波器、1907年円板放電器を発明。第1次世界大戦中に短波の長所に注目し、短波通信技術の開発に努力した。(20) ブラウン (K.F) の1897年、ブラウン管発明とともに、電気信号を映像や図形に変換する時代へ移行した。日本では1849年 (明治2年) から始まる。トランジスターと機能は転移し現代はスマホで各個人毎。持つ人は数個あり、目的毎に変えている。機器も印刷電信機による方式が主で、電話回線を利用し、搬送電信が行われている。特殊な電信も多く、図形の伝送、加入者間で記録通信のテレックス等がある。データ通信、伝送等である。予約・預け入れ・引き出しのオンライン。パソコン通信。文字図形情報ネットワークシステム等、広範囲の情報交換、多様な予約、アンケート、サービスを提供している。また、情報の質も変化し、翻訳・捏造(ねつぞう)・改良などもあり、確実性が問われる社会問題と浮上した。歴史の捏造もあり、仮想社会の仮想だ。犯罪も仮想体であり、技術は「AI」と拡大する。信疑不明で流木意識化である。機器は電化し通過機能であり、行列式態はアナログからデジタル化と新し時代へ移行の時代となってきた。内容に関わりなく、環境に適応は残り、不適消滅消滅となる。

　2024.7.19.コンピュータ・ソフトウェア (OS) の障害発生で影響は世界各地に波及しウィンドウズ (OS) は操作不能になった。自動不能で手動に切り替えた。航空機は運航できず、列車は停止、店舗の営業不能、医療の停止、銀行の停止など発生。利便の攻撃からの崩壊である。「システムは生き物で、完成形はなく、欠陥・エラーの発見と改修を繰り返すことは常識だ」という観念の再生である。電子速の効果に電子速の障害発生という現実であり、環境に適応は残、不通消滅

も生態学（ecology）であるからとなる。生活の基盤をデジタル技術に依存の社会の脆弱を浮き彫りにした。

23. ファン・デル・ワールス Van der Waals (J.D.)
（1910（単））1837〜1923.
オランダ。物理学者。1877年アムステルダム大学教授。

　1873年、「ファン・デル・ワールスの状態方程式」発見。水素、ヘルウムなど実体液化の条件の理論。極低温物理研究の発展に影響を与えた。原子・分子間の弱い引力は彼にちなんで「ファン・デル・ワールス力」と名づけられている。気体と液体の連属的遷移を論じた。気体が軽く、液体（雨）は降下する。何故か？「H_2O」・H（水素）は軽く無色・無味・無臭、しかしある、水の中にもある。Oは酸素と「H_2O」と併置で軽重すると滴となり、軽重で水となり区別つく、あとは何かと混合すると判る。気体は軽いから動く。動きに遅速で気圧と熱を造語し、高低圧と高低熱の説明が付く。これが場所・時間・好機発生だ。「P・T・O」因子と説明できる。量子力学と分子生物学だ。以上の逆算が相補曲線と男と女で社会を構成し循環する。ほかに毛管現象の熱学的理論。混合気体に関する研究もある。1890年。分子の大きさと分子間力を考慮し気体の状態式を発見。液体の表面張力研究もある。「$(P + a/v^2)(v - b) = RT$」。「$E = mc^2$と（34）アインシュタインのエネルギーに発展した。圧力をP。絶対温度をT。1モル体積をv。気体定数をR。aおよびbは気体の分子間力および分子全体の体積より決まる定数。この式は臨界現象も説明できる。1モル（化学・物理学の基礎定数の一つ。質量数12の炭素同位体12グラム中、含まれる炭素原子の数を1モル物質中に含む構成粒子数「$6.022141 \times 10^{23} \text{mol}^{-1}$」記号$N_A$またはLアボガドロ数）三重点は物質の気相・液

相・固相の共存状態をいう。絶対温度（− 237.[15]）。
・ある原理をひとつの事象と扱い別の新原理と結合できる。(34) アインシュタインは分析する多様性の背景が浮上する。

24. ウィーン Wien (W.)
1864～1923。(1911 (単))。ドイツ。物理学者。1820 年、ミュンヘン大学教授。

　1893 年、「ウィーン (W.) の変移法則」を発見。
（温度の黒体が放出するエネルギーのスペクトル分布は、極大値は絶対温度に反比例する λ mT ＝一定 (0.287cm・K)」。短波長法則のみだった。(15) レイリー (J.W.S.L.) 散乱は長波長法則 (1894 年)。青の散乱と青空を説明できる。電磁スペクトル。水銀温度計は見えない赤外線で暖められるからだ。(24) ウィーン (W.) の短波と (15) レイリー (J.W.S.L.) の長波双方対応が、(31) 「プランク (M.K.E.) の放射式」だ。赤外線は赤い光よりも赤外線を生む。(31) プランク (M.K.E.) はウィーン (W.) の放射式の修正で、すべての振動数領に対して実験値とよく一致する。検討すると「振動数 ν 振動子のエネルギーの放出・吸収は不連続な量の放出・吸収だけが許される」（ある決ったものだけ）と仮定される。これは「量子仮説」と呼ばれ、連続性を基盤とする古典物理学の自然観と対立する。この考えは現代原子物理学の発展と結びつき、新しい法則で量子論を発生の第一歩となった。原理（学者とは答えを出す仕事）があって、兵隊と集め、将校が上・下を媒介、部長と局長が決定。それを政治家が用具と拡散する。（片手 5 本）手足 3 点セットで回転する社会。ゲームだ。実験値は無数の効果発見はあっても、人間一人が選択し利用できるのはただ一種だけであるということだ。したがって量子論とは「人工原理」となる。複数の同時応用は不能、相対性の発生だ。

25. ダレーン　Delén（N.G.）
1869〜1937。（1912（単））スウェーデン。技術者。

　1906年、無人ガス灯台の夜間照明を発明。燃料（薪・木炭・石炭・石油・天然ガス・核燃料等）の補給に石油の自動供給装置を発明。熱気タービン（流体動翼裂・航空機に多い）で排気流体運動エネルギーを回転運動に変換原動機。逆に吸い出す搾乳機なども発明した。電気掃除機原理。自動化・機械の応用である。(5) シンガー（1811〜1875）はミシンを1839年削岩機を発明し、1851年、削岩機を針に転移し裁縫機械と改良し特許をとった。原因は1846年アメリカのハウ（E）が発明し特許を (5) シンガーが改良した。特徴は下糸を「テコ式」で針が動くと糸が横からとび出す下釜をセットしたことだ。「テコ」は動態転移に多い。井戸ポンプ、ピストル引金、天秤計、釘抜き（小から大にはボートのオールだ）等。意識も形は弱いが長く多い役職でテコと強力化する。免職はテコ支点の移動となり消滅する。電磁転移を「光ポンピング」（井戸ポンプ原理）という。(160) カストレル参照。光ポンピングを発見し、レーザーと発展した。相補性（三大発明は戦争から。）テコの連鎖が軍隊の[1]兵（火薬）・将校。[2]佐官（印刷・命令）。[3]司令（羅針盤）となる。現代は1）ミシン。2）無線電話。3）コンピューター。4）プラスチックと生活用品となった。日本人は原理を知らなくとも、和風ハサミ。ハシ・コマ等はポンピングと使ってる。日本人は繊細を台風や地震から学び。

　　　　　　中国人は馬を調教し大移動を実施。
　　　　　　欧米人は剰余の価値と利息を証券と追求した。

　環境は機能を作り、機能は効果を発生。現代は時間も操作し意識を転移し、(113) デリタは脱構築とした。飽きないように相補曲線となる。人間の欠点は飽ることだ。

26. カマーリング・オネス Kamerlingh Omes (H.)
(1913（単）) 1853〜1926。オランダ。物理学者。1882年ライデン大学教授。

　1894年低温研究所創設。多量の液体空気を作った（1904）。液体水素（1908）。液体ヘリウム（1908）。液体ヘリウムの一部を蒸発させ0.8Kまで下げた。絶対温度（原子・分子の熱運動が全くなくなり、完全静止する温度を最低の0度、水の三重点（物質の気相・液相・固相の共存状態）を−273.16度、目盛間隔はセ氏と同じにとった温度目盛。数値の後にK（ケルビンをつける）計量法ではケルビン度数から「273.15」を引いた数値を摂氏温度目盛（普通の目盛）とする。
　1911年、超伝導現象を発見。超伝導とは、超電気伝導ともいう。金属や合金の電気抵抗がある温度以下で急にゼロになる現象をいう。(77)ブラッティン参照。超伝導で作った閉回路は外からの超電力を遮断しても電流を流し続ける。「永久電流」という。(47)シュレーディンガー (E.)の猫が生と死を共存すると考える世界解釈の支持者の考えだとする。実用の例は超電導を利用し、リニアモーターカーで車体を浮かして走る。(167)コーエンタヌジ (C.)参照。
　(111)　ゲーバー Giaever (I.) (1929〜) は、1973年超電電気伝導の実験的研究でトンネル効果に成功。超伝導に関する理解を深めた。(110)江崎玲於奈は (1925〜) 1957年トンネルダイオードを発明。(163)リー Lee (D.M.)。1931〜。は1970年低温実験室でヘリウム3が0.002Kの極低温で超流動を起こすことを確認した。容器の中の液体ヘリウムが粘り気をなくして自然に壁面をのぼり、外に流れ出たのである。ヘリウム4の超流動では1930年代に発見されていたが。ヘリウム3については発生の仕組みが異なる。総計熱力学の基礎となり、高温超伝導にも道を開けた。BCS理論は1957年(109)バーディーン (J) らが、超伝導に関する微視的理論である。

これらの背景にあるのは、物理法則は時間反転しても成立する。可逆性原理とする。(18) マイケルソン（A.A）参照。構成の相対論的な場の量子論が、多時間理論（98）朝永振一郎論および超多時間理論（197）南部陽一郎論）である。時間間隔の単位は「秒」とする。分、時間、日、年は補助単位であり、この可逆性はない。角運動量をスピンという。が、恒星はスピンを実行することで維持される。再生のない人間意識と実験で証明する物は力で破壊、時間は不変とするが、長時間の確認不能。未知の要素も不明。優劣はあるとする。

27.　ラウエ　Laue（M.T.F.V.）

1879〜1960。(1914（単))

ドイツ。物理学者。1919年、ベルリン大学教授。

　1912年。結晶が「X線回折」に適していることを理論的に示した。結晶物理学の基礎を築いた

　フリードリヒ（W.）、クニッピング（P.）の協力で、X線の回折じま（ラウエ斑点）の撮影に成功。(X線回折）。ほかに相対性理論、光波の干渉、超伝導などの研究もある。

　ブラベは14種の空間格子で、六つの結晶系を説明した。ラウエの回折現象発見で格子の実在が実証された。結晶構造。結晶内部の原子の配列様式。配列単位。化学結合。理論的には空間群の理論である。岩塩型・ダイヤモンド型など物質名で呼ばれる。

　寺田寅彦（1878〜1935）は物理学者。随筆家。1916年東大教授。物理・地球・気象・地震・海洋・応用物理学等。ラウエ斑点の改良。科学と文学を調和させた随筆を書いた。西川正治（1884〜1952）寺田の弟子。実験研究者。日本人は原理より、流木意識が強く、置換意識へ転移する国民性がある。亜熱帯と熱帯と温帯の間にある地域であ

る。

　2年間官費留学ドイツへ。石原莞爾も同じ。模倣のための知識で日本の追従意識だ。実験意識はなかった。

---

28. ブラッグ Bragg (S.W.H.)
1862～1942。(1915 (1/2))
イギリス。物理学者。ロンドン大学教授。

---

(29) ブラッグ (S.W.L.) の親)。
　1904年以来、放射線の実験的研究。α 粒子の電離作用に関して「ブラッグ曲線」を得た。息子のブラック (S.W.L.) とともに研究。「ブラッグの条件」を得た。翌年X線分光器を開発し、結晶学に貢献した。
　講演の「音の世界」・「音とは何か」・「光の宇宙」などのでも有名である。
　ブラッグ曲線とは、α 粒子の電離作用の強さと飛程との関係を示す曲線。1907年。
(18) ラウエのX線回析発見に刺激されて研究したといわれてる。
　空間に光や音は雷光や雷鳴で太古から知られていた。回析で光・音の波動現象である。視覚に反射の跳ね返りや干渉の従属は反応しない。物理的・化学的な転移であり、神のしわざとされた。(7) レントゲン (W.C.) のX線発見 (1895年) は見えない電磁波で反射と干渉体である。変化とは別の平衡態への転移であり研究分析へ発展する。

29.　ブラッグ　Bragg (S.W.L.)

1890〜1971。(1915 (2/2)) オーストラリアアデレード生れた。イギリス。物理学者。ケンブリッジ大学実験物理学教授。1938年。

　父とともに在学中、X線回析を研究。科学知識の普及に努めた。電磁波の一種、X線（(7) レントゲン参照）は回折は分析されたが、反射・干渉は話題にならない。ブラッグ曲線は、ある核種から放出される a 粒子の電離作用の強さと飛程との関係を示す曲線。1907年、ブラッグが初めて実験的に描いた。実用としてホルモン粒子。澱粉の「のり化」媒介現象。
　(215) 土井棟治朗の「相補曲線」も上記の転移となる。

30.　バークラ　Barkla (C.G.)

1877〜1944。(1917 (単))
イギリス。物理学者。1913年、ケンブリッジ大学教授。

　ケンブリッジ大学時代に1904年、X線の気体による散乱から、原子内の電子数の推定、原子番号に手掛りを与えた。1904年、X線の偏光発見。1906年、二次X線が散乱X線とケイ光X線とからなることを示し、1908年、ケイ光X線がK.L.Mの系列から成るを発見。物質が電磁波で励起され発光する光。励起遮断されすぐ消えるものをケイ光。ケイ光灯は管壁のケイ光体から発火。白熱電球より発光効率は高い。ケイ光染料は広く利用されている。数秒続くのを「リン光」という。気体は（星など）線スペクトル。液体は種々の帯スペクトル。固体は連続スペクトル。生物（固体）は自然（線）と結合し成長（帯）

する。
　(37) シーグバーン (1886〜1978) 参照。(X線分光分折を研究し、モズリーや (30) バークラの内容をさらに進め、特性X線の構造を解明。真空分光器を発明。結晶の格子定数を測定。(角柱) プリズムによるX線の屈折に成功。1924年) 原子番号は原子核の外にある電子の数に等しく、原子核の中にある陽子の数も等しい。

31.　プランク　Planck (M.K.E.)
1858〜1947。(1918 (単))
ドイツ。理論物理学者。1892年、ベルリン大学総長。

　熱力学。黒体 (1911年・ウィーン参照)。の熱放射・吸収を研究。1900年放射線エネルギー分布を説明する最小量子の整数値を非連続的 (定数値の仮定) にとる量子仮設を提唱した。量子力学の発展の直接のきっかけとなった。マッハ (E.) (1838〜1916) の科学的認識論 (実証主義) と論争もあった。マッハは仮定を否定した。
　最小作用原理を数値 (少数点以下) で説明。「プランク数」。
　現実に宇宙物理学の実験不能。地上認識の拡大となる。現代は (106) ガボール。ホログラフィー (光波干渉の、立体的映像を媒介とした情報処理) と扱われている。記録された人間の「歴史は、メソポタミアで文字が発見されたBC4千年頃からのものだ。「その形而上学的な見方が敗北したときになって初めて力学的に勝利することができた。これはなかなか興味深いことである。」「モーペルチュイ」(1689〜1756) の原理。
　プランク定数と実験結果に適合する新法則を発見とした。1900年に提唱。量子論と設定。(34) アインシュタイン (1879〜1955) 相対性理論と光量子仮設 (特殊) の併置で古典物理からの脱却に成功した。

「人工原理仮設定」である。学術的には発明であり仮定だ。

（24）ウィーンの短波と（15）レイリーの長波と双方対応が（31）プランク（M.K.E）の放射式となる。

32. シュタルク Stark（J.）
1874〜1957。（1919（単））ドイツ。
物理学者。1920年、ウュルツブルグ大学教授。

　1905年、カナル線のドップラー効果。1913年、シュタルク効果をそれぞれ発見。ナチスに協力し、反ユダヤ主義の理論家でもあった。カナル線（陽極線の1種。真空放電管の陰極に小孔（カナル）をあけて放電させるとき、小孔（カナル）を抜け出てくる粒子線。管内の陽イオンが加速されてとび出したもの。この現象は後に「半導体」の構成に転移する（75）ショクリー参照。ドップラー効果（サイレン音の近づくは強、離れるは弱）。シュタルク効果、（光源を強い電場に置くと、その光スペクトル線のおのおのが数本の線に分かれる現象。水素スペクトルの線（分光器で分岐）で、水の最小単位は酸素原子1個に水素原子2個からなる（H_2O）、水素が電場（電気力の働く空間・電界）の中では分岐する。水素原子の特性拡散性。(35) ボーア（N.H.D.）は、原子核の周囲にある電子雲の中で、電子があるエネルギー準位（レベル）から別のエネルギー準位に移るとき、エネルギーの塊は光（光子）と放出したり吸収したりすると提唱した、1913年。

　アルミ鍋に水を入れ加熱すると底に酸素気泡が発生し浮上するのが見える。上記の視覚化である。(134) ブルームバーゲン（N.）参照。この逆説が氷は膨張し軽くなり水上を漂うとなる。

33.　ギョーム Guillaume (C. É.)
1861〜1938。(1920 (単))
フランス。実験物理学者。

　1897年、不変鋼インバーを発明。その応用についても研究した。不変鋼（invar）、英語読みでインバー、フラン語読みでアンバー。鉄63.5％、ニッケル36.5％を基調とする合金。熱膨張率は小さい。熱膨張率の大は水銀。その後、日本の増本昌（ますもとはかる）東北大学教授。らにより、鉄63％、コバルト5％、ニッケル32％の超不変鋼がつくられた。これらは測量スチィールテープ、時計その他計器、バイメタル（複合金属材料）などに用途が広い。

　技術と交通の進歩につれて商工業は多様化する時代となった。背景は情報通信技術の高度化やインターネットの普及で、経済・情報・文化の領域での地球的規模の流動化時代となってきたことである。グローバル・スタンダード（世界標準）ともいう、2000年代は、世界標準も事実上の標準が世界標準となることもある。デファクトスタンダード（defacto standerd）という。国際機関によらず、市場の実勢による規格や製品である。多様な統計や比較意識は市場実勢から発生し経済用語となる。それをエネルギーに転移は量子論の人工値となり、並値でエネルギー安定は相補となり、経済の並値は0（ゼロ）と消滅は破壊である。そこで1と0の間に小数点以下の発想となる。(36) ミリカン参照。現実に株価変動は大ニュースとなる。

III

近代後期

34. アインシュタイン　Einstein（A.）

1879～1955（1921単）

ドイツ生アメリカ。理論物理学者。スイス連邦工科大学卒業。ベルリン特許局技師、ベルリン大学教授。

　1933年ナチス政権のドイツからアメリカに渡り、プリンストン高等研究所で研究生活を送った。

　1905年、チューリヒ大学に学位論文を提出。

（1）ブラウン（R）（1773～1858）植物学者が1827年、花の受精を観察中、花粉から出た小粒子が振動運動を「ブラウン運動」で受精細胞に「核」を発見。これを理論的解明。

（2）光量子仮設の光電効果、物質が光のエネルギーを吸収し自由電子を生じる現象の光電子。

（3）特殊相対性理論、光速度不変の原理から相対性理論。

（4）質量とエネルギー（仕事をする能力）の等価性。を発表した。

（1）と（2）は植物の光合成で「ヒマワリ」の動き。（3）は光エネルギー効果と（9）ローレンツ因子から等価性。（4）は（8）ゼーマンの電子論の分岐である。1916年、一般相対性理論（特殊相対性理論の発展で重力理論と提唱された。なぜ10年も遅れたのか、実験で真空中に光より速く進むものはないこと、光速は一定であることが証明できなかったからだ）。アインシュタインは「絶対的」は存在しなく運動も時間も「相対的」で対称物、例え宇宙空間を動く地球との関係でしか測れないと発展した。地球は太陽の約1/110。太陽の直径1mとすると地球はϕ9m/mのパチンコ球。（18）マイケルソン＝モーリーの実験」は特殊相対性理論を確立する動機となった。光速度30万km/秒（地球を7.5回転）。エネルギーと質量は同等で相互に交換できることを示した。アインシュタインは他者の実験や理論を大枠にセットした。度胸がありユダヤ人を恥なかった。（16）レーナルト（P.

E.A.）（1862～1947）は光電効果で電子の存在を確立。また、ナチズムを支持し、ユダヤ人排斥に同調（アインシュタインはユダヤ人）アインシュタインの研究を「ユダヤ物理学」とし、攻撃、自分は「ゲルマン物理学」と標榜した。ユダヤ人は緻密で行動的である。アインシュタインは、人間に潜在する活力（エネルギー）の抽出を創始した功績は大きい。「神はサイコロは振らない」といったのは有名である。

35.　ボーア　Bohr（N.H.D.）

1885～1962。（1922（単））デンマーク。
理論物理学者。1916年、コペンハーゲン大学教授。

　（102）ボーア（A.N）の親。（21）ラザフォード（E.）、のもとで研究。（1871～1937）、1924年「ラザフォードの原子模型発表。（1908年ノーベル化学賞受賞）
　1913年、「ボーアの原子理論」発表。太陽系模型転移。量子論的提起した認識論的問題に対し、「相補性」の概念を展開した。原理転移から原理相補とは相対性の一形式であり、応用と効果の複合となる。「人は見つめる点や場所の違いから意識は変る。絶対はなく、何らかの転移だ。数学の限界である。ラッセル（B.）1872～1970は、数学構成には無限・選出・還元の公理といった。（151）ラムゼー（N.F.）参照。1930年原子核の液滴模型を提出。原子核理論に影響を与えた。（17）トムソン（S.J.J）は電子はクリスマスケーキの包体と考え「電子雲」とした。ボーアはそれを拡張し、原子の周囲を巡回のエネルギー塊と発散・吸収の変化と相補体と原子の多様性を示唆した。（34）アインシュタインは「$E = mc^2$」と造語した。人間脳の転移でもあり、知識も感覚も電子雲と置換できる。（34）アインシュタインは日食観測で重力波現象と宇宙実験で有名になった。スケールがちが

う。活動が機能し形を作り、形は機能に従う。自然態は環境に適応は残り、不適消滅となる。石材の多いヨーロッパは、共鳴振動から音響文字のアルファベットとなり、海や台風で湿気は樹木からアジアでは象形文字となった。文字は視聴覚の相補体。現代は電波の反響で電波雲時代と統合された。石材・樹木・波雲と宇宙へ拡散である。交響楽と交響詩は広野の聴覚詩である。

　液滴模型とは、(36) ミリカン（R.A.）が発見した電子の電荷測定（1906）。(17) トムソン（S.J.J.）は電子雲が原子の周囲を巡回し内周と外周で入れ換り、エネルギーも変化することを指摘（相補性）原子の多様性を示唆した。知識を電子雲化と環境である。相補と電子雲の活動が機能し形を作り（主観）、形は機能に従う（客観）。環境に適応は残り、不適消滅は自然の原理。文化も機能し形を作るは欧米の自穴掘文化、自意識が主体で動詞は前で固定する。環境の地震や台風は強裂で客観の明示されたとなり、形は機能に従うと日本の流木拾い文化で、繊細の凝縮と動詞は最後だ。行動中の強裂で変化も要求されるからだ。電子の存在は知らなかった。電神と樹木から象形文字となった。拡大し朝霧流体は大蛇神の信仰体と転移した。

　グローバル（世界的）な現代は、物体は力で破壊されるが時間は不変と、時間の短縮に焦点は当てられている。自動車とスマートホンとなる。相補性は規準意識のテーマは時間となり、あるかないかだ。To be not to be this is the question.（あるかないかそれが問題だ）シェークスピア（1564〜1616）はいった。(5) シンガー（I.M.）参照。

36. ミリカン Millkan (R.A.)
1868～1953。(1923(単))
アメリカ。物理学者。1910年、シカゴ大学教授。

　1906年。電子の電荷測定。「油滴実験」に成功。(34)アインシュタイン(A.)の光電効果の式を実証した。(相対性理論)1916年、プランク定数・量子論を特徴づける基本的な普遍定数。1900年、黒体放射のスペクトル分布を説明するために導入したエネルギーや角運動の不連続性はhが0(ゼロ)でない値(少数点以下の発想)で量子力学は古典力学へ移行もできるとした。後年は宇宙線の研究も行った。つまり、1と0(ゼロ)との間には無数の潜在値の存在を提唱した。物理学の数学的推論である。(31)プランク(M.K.E.)の「モーペルチュイ」参照。
　電気素量の存在証明値であり、電子素量決定。変化とは転移とした。原理を実験で予言実証、つまり、電子1個の電荷を求めた(エレクトロニクス)基本的な力は[1]強い核力・[2]電磁力・[3]弱い核力・[4]重力(引力)の4種。電磁力は基本的な力の一つ。原子を結合させ、分子を形成する。あらゆる生態はこの力に依存する。電磁力は体を作る分子をつなぎ合わせ、すべての有形物質の構造を保持する。食物からエネルギーを得て筋肉を運動させるようにする化学反応は、燃焼過程と同一で、原子を分子内の電荷の配置換なのである。燃焼は酸素必要で水(H_2O)を分解。モノレールも電磁力の分別ルートで車体を浮かせて走っている。反発力だ。潜在相補性となる。

37. シーグバーン　Siegbahn (K.M.G.)
（1924（単））
1886～1978。スウェーデン。物理学者
1937年、ストックホルム大学教授。

（132）シーグバーン（K.M.B.）の親。

X線分光学（分折）を研究。「特性X線」の結晶格子構造解明。

1916年に特性X線を調べM系列を発見。

1921年に真空分光器を発明、X線波長の精密測定から1924年にX線をプリズムにより屈折させることに成功。結晶の同等原子・原子団が格子状配列す空間を結晶格子と呼ぶ。端的に絆創膏原理となる。

（71）ボーテは、（42）コンプトン効果のX線は入射X線と散乱X線の2種あることを1923年発見。X線には別の粒子（光子）も含むと実証した。1929年のことである。X線の分析効果を追求した。（35）ボーア（N.H.D.）は電子雲の動きをエネルギー準位（レベル）と置換、「塊」の放出・吸収を「光子」と置換。（17）トムソンは（S.J.J.）は、電子をケーキのころもと考えた。（99）ファインマン（R.P.）は「電子は光子と交換されるとして、（くりこみ論の）「場」の量子論に拡張した。事象は原理追求と、効果追求の存在（理論・説明）（応用・自穴）（実験確認）（職人・日本）することになる。形は機能を造り、機能は形に従う。水の分子は熱でバラバラだ。熱は熱いから冷いへ移行し等しくなるもの（第二法則）だからだ。外から冷却作用として、作用しやがて自由になれるエネルギーが消滅する六角形の氷となる。4℃から始まり0℃で固まり少し大きくなり軽くなるから水上に浮く。運動エネルギーの等価体だ。雪の6形因子である。（70）ゼルニケ（F.）参照。

III　近代後期

38.　フランク　Franc（J.）

1882～1964。（1925（1/2））

ドイツ系アメリカ。物理学者。1920年ゲッティンゲン大学教授。

　マンハッタン計画に参加。日本への原爆投下には反対した。ユダヤ系。

　1920年、「フランク＝ヘルツの実験」に成功。原子構造が量子的なものであることを実験的に確証した。1933年、ナチスドイツを逃れ、アメリカに亡命。水銀等原子に電子を当て、原子エネルギー吸収があるとびとびの値を測定（エネルギー準位の存在）、励起の原子が放出するスペクトルを振動数に量的関係成立を発見。(35) ボーア（N.H.D）の原子構造論の実験的に証明した。

　マンハッタン計画とは、2次大戦（1939～1945）中に行われたアメリカの原爆製造計画の暗号名。

39.　ヘルツ　Hertz（G.L.）

1887～1975。（1925（2/2））

ドイツ。物理学者。

1928年、ベルリンのロッテンブルク工科大学教授。

ユダヤ系で解任された。

　ヘルツ（H.R.）1857～1894（振動数単位）の甥。

「フランク＝ヘルツの実験」1913年 (35) ボーア（N.H.D.）が提唱した原子のエネルギー準位の不連続性を検証するため、1914年に (38) フランク（J.）とヘルツ（G.L.）が行った。気体中を電子が通るとき、

59

電子の速度が落ちることが観測された。これは気体原子のエネルギー単位が不連続になっていることの確証であった。この実験は、いろいろな原子・分子のエネルギー準位決定に用いられた。フィルタリングという。この意識を「確率」転移は「(83) ポントリャーギン」。マクスウェル（J.C.）(1831〜1879) の電磁理論を実証。無線通信の基礎を作った。ヘルツ単位「Hz」記号。1秒間の振動n周機「n Hz」。1997年より使用。

起。(10) ベルクソン（H.L.）「エラン・ビィタル」邂逅は記憶を呼び戻す。

承。(6) マルクス（K.H.）経済は「剰余の価値」論の資本主義経済分析。

転。(62) エリクソン（E.H.）「モラトリアム」の発達段階分析。「自己満足分析」エゴ・アイテンティティ。

結。(83) ポントリャーギン（L.S.）最大値はフィルタリングで「確率論」。相補曲線。(215) 土井棟治朗参照。

40.　ペラン　Pern (J.B.)

1870〜1942。(1926 (単))

フランス。物理学者。化学者。

1910年、パリ大学教授。

1936年入閣。1941年、ドイツ軍によるフランス占領のためアメリカに亡命。

1900年代、ブラウン運動（ブラウン (1773〜1858) 植物学者）の花粉の受精運動を分析、熱運動を確め、ゆらぎが物質の育成と確認、水分子の発見。(34) アインシュタイン（A.）の相対性理論を水分子について実証した。(34アインシュタイン（A.）は他人の実験記録か

ら想大な連想をした人である。ブラウン運動と沈降平衡との相対性であることの発見となり、「$E = mc^2$」と数式化できる。

1890年代は陰極線（真空放電の陰極から放出の高速電子の流れ）(17) トムソン (J.J.) は電場および磁場をかけその曲がり方を測定、陰極線が負の電荷を帯びた微粒子流を確認。これによって、電子の存在が初めて知られた。半導体へと発展する。(176) クレーマー (H.) 参照。ゆらぎとは揺れること。ブランコはその構体。

41.　ウイルソン　Wilson (C.T.R.)
1869 ～ 1959。(1927 (1/2))。イギリス。物理学者。気象学者。1934年。ケンブリッジ大学自然学教授。

受賞者でウイルソンの名前は3人いる。
(41) ウイルソン (C.T.R.) は霧箱発明。
(124) ウイルソン (R.W.) はビッグバン説。
(135) ウイルソン (K.G.) は二次相転移。

(41) ウイルソン (C.T.R.) は、雲・霧・ちりの関係研究から、過飽和状態の水蒸気が放射線などで凝縮することを発見（1911年）。その後の核物理、素粒子研究の方法として「霧箱」を完成。1898年 (13) キュリー (P.) が放射線測定に電離箱を考案している。また、(41) ウイルソンは空中電気の研究で、敵航空機侵入阻止用と空中電気防護壁設置。気球を雷から保護装置の研究もした。ある現象が同じ原理とは限らないからだ。これらの現代は障害無線に転移。類似は無数あり、環境に適応は残り、不適消滅となる。人間の場合もアイデンティティ (identity) と自己同一性の「自我」と個性があり、自己満足だ。何を見るか、どこを見るかで意識は変わるからだ。指紋は誰にでもあるが、

皆少しづつ違う。個性で、これらの比較・改良で人間は進化した。加齢で変化を分析は（62）エリクソン（E.F.）参照。

　現象は観察できる。しかし、その理由は不明。何故、どうして、対応はどうする。植物は待つ、動物は敵か味方の識別から始まる。学者とは答えを見付けることで、これは太古から不変だ。よく見ると「形は機能に従い（客観）、機能は形を作る（主観）」と2種は判る。心理と精神だ。ところが、物体は力で弱いと破戒で消滅、それでも残るのは時間となる。場所も時間で潮時になると一時消滅し再生もある。「地球が回転していると仮定すると説明に便利だ。（自分も回っている）」といったのはポアンカレ（1854〜1912）フランスの数学者、科学哲学者である。偶然がすべてではない。人間の意思決定というものがある。自分たちがどうしたいということよりも、どうしたいと他人に思われているかのほうが大事だということである。「蝶の羽ばたき」（バタフライバロット）理論と発展は拡大する。科学も原理・分析・応用・効果と順序がある。上品でこれらは隠れ現実は気力と構えの職人気質となる。

42.　コンプトン　Compton (A.H.)

1892〜1962。(1927 (2/2))
アメリカ。物理学者。1953年ワシントン大学総長。

　象限電位計を改良し1919年、1923年X線の散乱「コンプトン効果」を発見。解釈にアインシュタインの光量子説を適用し成功。電磁波が波動性と粒子性（相対性）であることを示した。宇宙線の研究に転じた。コンプトンは、入射するX線が波ではなく粒子（光子）で、波長が長くなるのは光子と電子の衝突に起因するとした。コンプトン効果は、光が波動性と粒子性をもつとは重要な現象の一つである。波動

は進行すると相互作用で消滅し、最初の輪はよく見える。粒子は増加する。また、バスの後部席にいると時々横ゆれする、進行で何かの障害あると粒子は増加するからだ。粒子性の発想創始。図解は粒型に波型を入れる。電位の増減を波相の形体に転移し、オーロラ（81）チェレンコフ（P.A.）参照。

（46）ハイゼンベルク（W.K）の行列式。

（47）シュレーディンガー（E）の波動式は「コンプトン効果」の理論となる。（17）トムソン（S.J.J.）の「電子はケーキの包体」と考えた。多様性を意識で創造だ。スポーツやダンス、プレイ・ドラマも表現は相補複態となった。量子力学化で、実行はただ一つの中に相補曲線と複数連鎖となる。これを意識に転移が（2）葛飾北斉。ガウディのサグラダの教会。（113）デリダの脱構築となる。理論よりも転移や相補と基礎知識の有無が背景にある。（215）土井棟治朗参照。（150）パウル（W）参照。発想はスポーツと同様、タイトル副題。

43. リチャードソン　Richardoson (S.O.W.)
（1928（単））
（1879〜1959）。イギリス。物理学者。ロンドン大学教授。

（164）リチャードソン（R.C.）、1937〜2013。アメリカ。物理学者。（リチャードソン名は2名いる）（「超流動」・「相転移」・「超流動ヘリウム3」研究）。

（43）リチャードソン（S.O.W.）は金属からの「熱電子放出に関する法則」の発見。（リチャードソンの法則）。

真空管技術発展に貢献をなした。今日の無線放送時代への端緒を開いた。理論と実験を実施。高温物体からの熱電子放出現象である。

原子炉開発の指導者の一人。

真空管は真空の容器中の電極で、電子流により電気信号の整流、増幅、発振、スイッチ操作などの（起・承・転・結）動作をする電子管である。初期のラジオ受信に多く使用されたが、現在はトランジスタ（元素半導体などで同様効果材）等に転移し使われなくなった。(76) バーディーン（J）参照。現象の原理は一つとは限らず多数ある。相撲も四十八手と言われるが、協会では八十二手を定めている。これは一つの現象も土俵から出す（主観）と、出される（客観）とあり、当事者から勝つ（主観）と負かされる（客観）となる、過程の状況は無視されるからである。現実は抵抗し勝つことを鍛える。(3) オーム（G.S.）参照。人間は慌てると雑になり、長びくと飽きるからだ。

44.　ド・ブロイ　De Broglie (L.V.7^e.D.)

（1929（単））。
1892〜1987。フランス。理論物理学者。
1928年、パリ大学教授。

　1923年、「ド・ブロイ波」となる物質波を、提唱。電子その他の原子レベルの粒子には波動性ないし物質波と呼ばれるのが付随するという考えだ。これを学位論文にまとめた。この論文はアインシュタインに認められ、さらに、(47) シュレーディンガー（E.）の波動力学構築の基礎となった。1927年にはアメリカの (52) デービソン（C.J.）とジャーマー（L.）が電子の波動性を実験的に確証した。「ド・ブロイ波」を拡張させて量子物理学は発展することになる。(1) (91) イェンゼン（J.H.P.）は魔法数発見。(2) (92) ウィグナー（E.P.）は群論。(3) (189) グラウバー（R.J.）はコヒーレント光発見。(4) (191) ホール（J.L.）はコム開発等。
　(42) コンプトン効果も「光が波動性と行列性」を示す現象の一つで

あり、（48）ディラックの統合変換理論へつながる。

（44）ド・ブロイ（L.V.7^e.D.）は「物質の粒子」対応。

さらに、（99）ファインマンへ転移し「光子は電子と交換される」と発展する。ある原理は単性から並列することで相互作用と相対化は原理も深くなる。（91）イェンゼン（J.H.P.）参照。

相補とは可逆性的であるからだ。（215）土井棟治朗参照。「パイこね理論」となる。共振・共鳴の振動系である。パイコネとは袋の中に材料を入れ混ぜ合せること。動作は揺するだけで始めから終りまで同じ、中味は変化する。欧米文化の自決堀であり、教育がそうだ。日本は外国からの流木拾いで役立つなら模倣する。

45. ラマン　Raman (S.C.V.)

1888〜1970。(1930（単))。

インド。物理学者。カルカッタ大学教授。

1928年、電磁波の一部、可視光線の分子散乱研究から「ラマン効果（光を当てると、散乱した光に照射光と違う光が現れる）」を発見。分子構造研究に方法を開いた。仏教発想の地、インドらしい、日本にも転移し流木拾文化だ。物質に単色光を当てると、反射光は物質を構成している原子の振動や、分子の回転のために使われ、残りのエネルギーが光として使われたものだ。逆に光が当った物質のもつエネルギーが光のエネルギーに加わり短波長と強散乱光が混る。磁場は吸収有効体となる。これで物質の性質や、エネルギー状態を研究することができる。（6）マルクス（K.H.）は経済の剰余の価値論と転移した。相対性理論の現実化であり、量子物理学の多様な現実から実行はただひとつだ。磁界は発散。磁場は吸収が強い。（45）ラマンの磁場・吸収型・相対と磁界・発散があり、意識に転移できる。これを生存年代

中にもあり、(62) エリクソン（1902～1994）は人間発達段階にあると「モラトリアム」（加齢で一定期間支払猶予（延期）経済用語）と相対関係の精神分析とした。人類学・心理学・文芸理論の世界まで影響を与えた。結合できれば人生をまっとうしたと考える。(65) ウォルトン参照。（人工加速器に転移できる）ラマン（S.C.V.）は経験という実体を「分子生物学」的に分析した。媒介の遺伝子発見へ発展する。電磁力・重力・時間・臭気・核力等は見えないが在る。核力は (80) タム（I.E.）参照。無性生殖もあるから厳密でないが、大枠として磁場は牝（めす）、磁界は牡（おす）と転移できる。

46. ハイゼンベルク　Heisenberg (W.K.)

ドイツ。(1901～1976)（1932（単））

理論物理学者。1946年、マックス・プランク物理・天体物理学研究所所長。1925年、行列力学を創始した。

(47) シュレーディンガー（E）は波動力学を創始。ハイゼンベルクとシュレーディンガーのセットは量子力学となり、夜明前の光源なしでも明るくなる空間を説明できる。

　短い波長の光で測定は不能を「不確定性原理」という。光子は電子に当たると電子に運動量を与えて散乱される (42) コンプトン効果。光は波動性で消滅。電子も波動性で定まらず相互作用で消滅、消滅で測定不能。思考実験（意識）で「不確定原理」であることが正しいとなる。1927年、不確定性原理発見。(67) ノイマン参照

　量子力学の形式の一つが、行列力学。ハイゼンベルクは、原子から放出される光の振動が電子準位のエネルギー差に比例するという振動数条件に着目し、物理量を行列で表わして、観測可能な物理量だけの関係式によって量子論を展開した。この力学の基礎をなすのは一般座

標qと一般運動量Pを表わす行列の間の交換関係である。物理量の時間変化は古典力学のニュートンの運動方程式と同形。行列力学は1926年シュレーディンガーの波動力学と同等であるとなった。ソフトに行列は各駅停車の列車、波動は急行列車が停る駅となり、この合成はは効率を成果させる。夜明けと日没は毎日ある。交替（こうたい）であり、人体も昼はエネルギーで活動、夜はエネルギーの貯留となる。食事で相補の補給は空腹意識で生物遺伝子だ。

47. シュレーディンガー Sehrödinger (E.)
（1933（1/2））

1887〜1961。オーストリア。理論物理学者。

1927年、ベルリン大学教授。

　1927年（44）ド・ブロイ（L.V.7e.D.）の考えを拡張し、波動方程式を導き、（46）ハイゼンベルク（W.K.）の行列式に対して、物質の波動性に基づいた波動力学を打立てた。波動は微細で見えないがある。（シュレーディンガーの波動方程式）。さらに行列力学と波動力学の数学的等価性の証明、相対性とセットした。波動方程式の解である波動関数の物理的解釈の問題や、観測問題の哲学的研究など、量子力学発展に貢献をなした。

　生命現象が統計的因果性に支配されていると考えを展開し、のちの分子生物学の発展に刺激を与えた。

　現実に現代は統計技術発展でデータの数値並列は判断材料と転移した。知識より数値差は資料と説明できるからで。写真と並置は判り易い。それが科学だとする。デジタル（数値）社会でニュアンスの微妙さは消滅した。（34）アインシュタインの一般相対性理論の原理の一つであり、ニュートン力学にはなかった主張である。

アナログ（状況性）からデジタル（数値表現）への移行であり、「AI」・「IC」・「CD」等を媒介で普及した。あばれ馬で慣れず調教が必要も始まったばかりである。
　原理を単から複数の併置と人工化の発生である。

　電磁波＝波動性＋粒子性＝（42）コンプトン効果。
　　粒子の波動性＋物質波＝（44）ド・ブロイの波動物質波。
　　　　波動性＋行列性＝（46）ハイゼンベルクの量子力学の形式の一つ。
　　行列式＋物質の波動性＝（47）シュレーディンガーの波動力学。
　　　　　　　　　　　　　量子力学。

48. ディラック　Dirac (P.A.M.)

1902～1984。イギリス。(1933 (2/2))　理論物理学者。1932年フロリダ州立大学教授。

　1926年（47）シュレーディンガー（E.）の波動力学と（46）ハイゼンベルク（W.K.）の行列力学を統合する変換理論を発表、また放射場の量子論をつくった。1928年ディラックの量子論とし「相対論的量子力学を提唱。さらに正電荷をもつ電子、陽電子の存在を示唆（ディラックの電子論）。
　1932年（50）アンダーソン（C.D.）によって宇宙線の中に確認された。（54）フェルミ（F.）とは独立に量子統計力学をつくり、また電磁場の量子力学を研究して（85）朝永振一郎の多時間理論（媒介の具体性くりこみ論）を示唆。量子力学・素粒子論の建設者の一人である。一般的な量子力学に体系化した。相対論的量子論では電子のスピン（素粒子がもつ固有の角運動量）つまり軌道運動による角運動量とは

別に、静止状態でももつ角運動量。(単にスピンという)の存在を説明するとともに空孔理論を唱えて陽電子の存在を予言した。空孔論は後に半導体のドーピングと発展する。(176) クレーマー (H.) 参照。

スポーツでドーピングとは、選手が薬物の使用で禁止されるが、半導体では電流一方通行のダイオード現象をドーピング方法で少量の不純物を入れ、性質を変化させることを「ドーピング (doping)」という。電子を電気的に制御の構造ができあがる。(110) 江崎玲於奈、(112) ジョセフソン (B.D.) 参照。

49. チャドウィック　Chadwick (S.J.)

1891～1974。(1935単)

イギリス、物理学者。1936年リバプール大学教授。

1932年、(71) ボーテ (W.) (1891～1957) や (12)(13) キューリー夫妻 (1859～1906・1867～1934) が手を染めた「ベリリウム」の$α$粒子による核反応で放出される未知の粒子が電荷をもたず、質量が陽子とほぼ等しい「中性子」であることを発見した。

チャドウィックはイギリスのマンチェスター、ケンブリッジ両大学に学び、(21) ラザフォード (E)、(1871～1937) のもとで研究。1919年ラザフォードとともにキャベンディッシュ研究所に入り、リバプール大学教授。2次大戦中は原爆計画のイギリス代表。(21) ラザフォード (E.) は、1906年、$α$線がヘリウムの原子核であることを実証した。有核原子模型を確立。1924年、原子核反応を実現し、物質構造の根本を明かにした。1908年ノーベル化学賞受賞。

50. アンダーソン Anderson (C.D.)
1905～1991。(1936 (1/2))
アメリカ。物理学者。1939年、カリフォルニア工科大学教授。

　1930年（41）ウィルソン（C.T.R.）が発明し霧箱（荷電粒子が水あるいはアルコールの蒸気で過飽和の気体の中を走るとき、進路に沿ってつくる霧滴により粒子の飛跡を観測する装置）を磁場中に配置して、γ線を（X線より波長の短い電磁波）と宇宙の研究に着手。1932年、(48)ディラック（P.A.M.）が予言した「陽電子（電子（電子は(−)粒子）の反粒子（内部量子数の符号が逆である粒子）」を発見。反物質が実験に確証された最初のケースであった。1937年宇宙線研究中に、(63)湯川秀樹の予言したμ粒子を発見した。（μ中間子）（核力を媒介する中間子。中間子（メゾン）とは、質量あり、スピン整数、強い相互作用をする素粒子の総称。中性子（ニュートロン）は、原子核を構成する中性の粒子。

　宇宙線は地球に突入すると種々の過程を経てμ粒子、ニュートリノ、電子、光子などとなって地表に到達し、μ粒子は毎秒10個程度で我々の体を貫通している。物質との相互作用が弱いので貫通力が強く、地下3000mの深いところでも観測される。(214)梶田隆章参照。

　(41)ウィルソン（C.T.R.）発明（1911年）。霧滴発生を待つ。

　泡箱は（87）グレーザー（D.A.）が1925年発明。泡発生の始点から観察でき、しかし、固定は難しく、1980年以後は他の機械発生で消滅。改良で進歩する。

51.　ヘス　Hess（V.F.）

1883～1964。オーストリア系。（1936（2/2））。

アメリカ。物理学者。1925年グラーツ大学教授。

　1938年、ナチスに追われアメリカに亡命、ニューヨークのフォーダム大学教授。

　1911年頃から、箔検電器を気球に積み放射線の存在を研究。1913年、大気電離を測定、大気外から透過力の大きい放射線が入射することを確認、宇宙線の端緒を開いた。

　金属箔は展延性のよい金属を薄く打ちのばしたもの。最も薄くできるの金箔。最も使用量の多いのはアルミニウム箔。金箔は厚さ0.0003mmのものまである。銀箔は0.0015mm。スス箔は0.002mmまで。そのままか紙にはって食品・薬品の防湿包装用と使用する。放射線は跡線と残る。

　日本では1998年、87年後に（214）梶田隆章が「ニュートリノ振動」光跡発見。

　日本絵画の金箔絵は宇宙性の表現。宇宙線の効果を実証。放射線は知らなかった。

52.　デービソン　Davisson（C.J.）

1881～1958（1937（1/2））

アメリカ。物理学者。技師。

　電子の波動性を1927年「デービソン＝ジャーマーの実験」で実証した。金属に電子線を当て反跳電子を測定する実験を開始。ニッケル

の単結晶に電子線を当てて回析現象を測定し、電子の波動性を実証した。(36) ミリカン（R.A.）は1906年油滴実験で電子電荷測定した。

波・wave。風や振動で水面に起こる上下動。波高Hと波長Lの波、H/Lが1/7以上は白波となり崩れる波音がせせらぎだ。音波は四方八方へ散る従波。物体の糸が揺れるように動く横波、船の横からの波は横波と2種ある。

(46) ハイゼンベルク（W.K.）と (47) シュレーディンガー（E.）参照。現代は統計技術の進展で、データ数値は判断材料となり、数値差は資料と説明できるからだ。生命現象も同等と並置され、分子生物学に刺激を与えた。統計学は物体から分子生物学の時間的分析へ転移し考古学の遺跡・遺物等の考察に貢献する。

53. トムソン Thomson (S.G.P.)

1892～1975。(1937 (2/2))
(17) トムソン（S.J.J.）の息子）イギリス。物理学者。
ロンドン大学教授。

(44)「ド・ブロイ波」とは、粒子の波動性を強調するときの用語。物質波ともいう。光も干渉や回折現象で波。光電効果（物質が光エネルギー吸収し自由電子を発生や (42) コンプトン効果。入射X線より長波X線が含まれる現象。光子と電子の衝突）など、(44) ド・ブロイは類推で粒子の電子も、光のように波と考え1924年に提唱。1928年に (52) デービソン（C.J.）・(53) トムソン（S.G.P.）らによって、電子線電子ビームともいう。電子管陰極から放出の電子群に磁界をかけ、流束で粒子と波動とをもつ。電子顕微鏡 (142) ルスカ参照。電子銃用によって確認された。このように「ド・ブロイ波」をトムソンは金属多結晶膜で電子を実証した。

光は電気と異なり金属内を通らず、光を導波の誘電体が光集積回路の主材料となる。光通路を形成。電気光学効果などを組み込み送信・光学などをつくる。光ポンピング磁力計はプロトン（陽子）磁力計よりすぐれた感度を得られる。(70) ゼルニケ参照。位相の発見。

54. フェルミ　Fermi (E.)

1901〜1954。イタリア生アメリカ。(1938 (単))
ローマ大学教授。

1934年「フェルミ統計」論文認められローマ大教授。
1934年 β（ベータ）崩壊理論を立てた。減速中性子（熱中性子にすること）による多くの放射性同位元素をつくった。同位元素とは、「アイソトープ」原子番号が等しく、質量数が異なる。質量は2種、重力質量と慣性質量とある。原子または原子核を互いに同位体であるという。^1H は水素、重水素は ^2H、三重水素は ^3H。すべての元素にある。また人工的にラジオアイソトープ（放射性同位元素）がつくられている。科学的方法で相互分離は不可能。質量微小性質差で分離。この方法で考古学では年代測定と利用される。100番フェルウム。分子内原子をその同位体で置換すると回転・振動のエネルギー準位に変化する。その際、ウランの核分裂に気づかなかったことは有名。1942年ウランの核分裂の連鎖反応を人工的に制御に成功。「理論と実験の最後の人」であった。功をたたえ、第100番元素を「フエルミウム」と名づけられた。

55. ロレンス　Lawrence (E.O.)

1901〜1958。(1939 (単))

アメリカ。物理学者。カリフォルニアバークリー校教授。

　1930年。粒子加速器・サイクロトロン発明。高速大型を次々と完成。原子研究、人工放射性同位元素をつくった。マンハッタン計画に参加。第2次大戦後もシンクロサイクロトロンを建設。カラーテレビ・ブラウン管も発明。質量分析器原理を用い大型電磁石よりウラン235の分離を実行した。

56. シュテルン　Stern (O.)

1888〜1969。(1943 (単))

ドイツ系アメリカ。物理学者。ナチスに追われアメリカに亡命。

1945年、カーネギー工科大学教授。

　「シュテルン＝ゲルラハの実験」は、「磁場の中で原子の方向量子化が起こることを示した実験」で1922年に行った。真空中で銀を蒸発させ、スリットを通して原子線（中性原子の線束）原子ビームともいう。メーザー・電波分光・原子衝突・化学反応の研究などに利用。これを不均一磁場をかけると2本に分かれる。これを確認し、さらに陽子（proton）の磁気モーメントを1933年に決定した。台風進行方向性である。

　原子内の電子や核子（陽子と中性子の総称）。

　バリオンは等価な磁石の磁気モーメントで電流の磁気モーメントを定義できる。軌道運動やスピンから発生する。1922年の「シュテル

ン＝ゲルハラッハの実験」が上記。(70) ゼルニケは1935年、位相差顕微鏡を完成。1934年位相差法の原理を確立。細胞を殺さずに内部構造を調査加能。これは電子線の「光ポンピング磁力計でプロトン(陽子) 磁力計より感度がすぐれている。(70) ゼルニケ参照。

57. ラビ Rabi (I.I.)

1898～1988。アメリカ。(1944（単))

物理学者。1940年、マサユーセッツ工科大学教授。

（36）シュテルンの「シュテルン＝ゲルラハ実験」にひかれ、その改良を加え、1937年、原子線、分子線による核磁気共鳴から原子核の磁気モーメントの測定に成功。研究は原子時計、レーザー、メーザーなどの応用に実を結んだ。(18) マイケルソン（A.A.）光速度決定参照。

また、原子、分子の構造研究にも進歩をもたらした。第2次世界大戦中はレーダの開発・研究に従事。(94) タウンズ（C.H.）参照。

物質の自然原理からモーメント（moment・物体回転能力・能率量）繰作と人工化応用で効果の増減を実施から新原理の有効化に転位の創始となる。単から複へ、電子速で時間消滅・微細で距離消滅は光学新現象発生へと相転移した。タッチパネルの登場となる。

人間は回転や運動の効果分析を実施、加工を創始で発展と進む。

58. パウリ Pauli (W.)
1900～1958。スイス。(1945(単))
理論物理学者。1940年、プリンストン教授。

　1924年、量子論に第4の量子数(スピン量子数)を導入。翌年陽子、中性子、電子、量子数(フェルミオン)が、4つとも量子数を共有できないという「パウリの原理」を発見。独立性の確定。量子論の発展に大きな影響を与えた。1931年、β崩壊に伴うエネルギー消失現象をニュトリノ(スピン1/2の素粒子でレプトンの一種、中性子ともいう、電子ニュートリノ(μ、τ、ν_2の3種)を導入して説明、エネルギー保存の危機を救った。(ニュートリノの存在は1956年に最終的に確認された)。また、場の量子論、中間子論の発展にも貢献。彼の鋭い批判は他の物理学者たちに恐れられた。

　共有不能論を共有可能論転移が(98)朝永振一郎の「くりこみ理論」となる。P・T・Oのセット論。

　P。(99) ファインマンの「光子は電子と交換される。(place)。
　T。(97) シュウィシガーの「超多時間理論」(自穴掘型)。(time)。
　O。(98) 朝永振一郎の「くりこみ理論」の好機(Occasion)。
　科学とは共有不能と共有可能の相対論理となる。

59. ブリッジマン Bridgman (P.W.)
1882～1961。(1946(単))
アメリカ。物理学者。ハーバード大学教授。1954年。

　高圧作る装置発明。40万気圧に達した。その下での物質の電気的・

熱的・力学的性質を研究した。基本的な概念や量は、それを測定する具体的な操作によって定義されるという比較・類似・系列など具体的な操作によって定義されるという操作主義を提唱した。目標はグローバル（世界的）であることだ。操作の概念を中心とする哲学的な立場から科学上の諸概について考察を加え「現代物理学の論理」を著わし、次の世代のアメリカの物理学者たちに影響を与えた。79才に自殺。

　圧電装置大型（19）リップマン参照。六角が四角になる。

　端的に「タッチパネル」となり普及した。

60.　アップルトン　Appleton (S.E.V.)
（1947（単））
　1892〜1965。イギリス。物理学者。エディンバラ大学副学長、1949年。

　電離層の研究者。無線通信、電波伝搬、電離層などの研究者。特に電波の反射に重要なF層（地上140〜400kmにある、高度250km付近に電子密度が極大の層がある）大陽光線による光電離で日中と夜間では異なり、300〜400kmでF層となる。彼の研究で確実に広範囲の領域に電波を送ることが可能になった。第2次世界大戦中はレーダおよび原子爆弾の開発に従事。日本軍は伝令が口述で命令を伝えた。電波は知らず、視覚に頼る人びとは現代も多い。

　また（13）マルコーニ（G.）（1874〜1937）はヘルツ（H.R.）（1857〜1894）が電磁波の発見を知り、これを通信装置に応用を実施し成功した。それまでは有線の電話線のモールス符号で送信だったのが改良された。発想は改良を重ねて発展し群論は相補と改革する、絶対は無い。つまり正誤はなく、優利か否で環境に適応は残、不適消滅だ。（67）ノイマン（J.V.）はモールス符号を数値に転移しコンピュータの集積回路「IC」を発明した。

61. ブラケット　Blackett (P.M.S.B.)
1897〜1974。(1948（単))
イギリス。物理学者。マンチェスター大学教授。

　原子核崩壊の研究で知られる。
　(41) ウイルソン（C.T.P.）発見の霧箱を改良し、宇宙線研究。1924年、安定原子核の崩壊写真でとらえた。前にも知られていたが、写真で明確に判明した。1933年、宇宙線から電子の対生成と対消滅観測。今日は「ミューニュートリノ」と知られている（214）梶田隆章参照。（中性微子・電子）。2次大戦中はオペレーション・リサーチグループ編成し軍事研究を実施。1932年、宇宙線のシャワーを発見した。
　分子やスペクトル（分光）は人の指紋と同じ、皆存在するが少しちがう、大枠同じ。個性だ。写真は並置の比較で内容明確と主観、単体は状況だけの客観。物事の判別には2種あるからだ。意識と精神に転移できる。

※ 62. エリクソン　Erikson (E.H.)
1902〜1994。
ドイツ生れアメリカ。フロイト学派・精神分析学者。

「モラトリアム」（経済学の「支払猶予期間」の意）。社会的責任を一時的に免除、猶予されている青年期に転移した。自己満足の分析。
1　乳児期（希望）…………「信頼」対「不信」
2　幼児期初期（意志）………「自律性」対「恥」
3　幼児期後期（目的）………「自主性」対「罪悪感」

4　学童期（有能感）………「勤勉性」対「劣等感」
5　青年期（忠誠）…………「自我同一性」対「役割の混乱」
6　成人期（愛情）…………「親密性」対「孤立」
7　壮年期（世話）…………「世代性」対「停滞」
8　老年期（英知）…………「統合性」対「絶望」

　人生は必ず順序が有り、次の時代を意識し計画実行が優劣と現れる。最後の段階で自分を発見するものだ。既成に捕られず考える力を持つことであり、「モラトリアム」の内容で結果は有意義な人生だったと思えれば統合し死期と事実を容認できる。解決されていないことがあれば無力感で絶望し易くなる。残体験は行く手に災難があると思い込む。慣れてしまわないことだ。楽なのは自国の習慣だからで、不安と喜びはコインの裏と表なのである。

　フロイト（1856～1939）は思春期を重視に焦点を当てたが、エリクソン（E.H.）は、心理社会的な発達理論と人間関係の人格の発達に焦点をあてた。生涯を通じて続くことと、段階が相互に関係し危機をはらみ、その危機を乗り越える努力を示唆している。どこの国でも、どの家族でも共通で生理性であり、背景に食物連鎖と家族で衣食住となる。(215) 土井の「相補曲線」が具体的。

　現代は科学の発展で、印刷と情報は社会的精神と知識の拡大があり、願望と欲求も刺激で比較を知ることができる。初期は過ぎ、電子速と時間は凝縮した。好機は個性と加令で差の発生もある。目的は多様と無限の流体。精神の開放は困難も増幅した。以前に覚えた技術でも機械が代行するからであり、さらに人間より優れた状況が表出の時代でもある。(215) 土井棟治朗は、「相補曲線」を提唱した。アナログからデジタル社会と「環境に適応は残り、不適消滅」の物理物理学的な持続性追求の拡大と転移しつつある。磁力・重力・時間・臭気・核力（陽子と中性の力）は見えないものだ。学童期は初級を学び成人で充足されていく。

63. 湯川秀樹 ゆかわ ひでき
(1907～1981) 日本（1949（単））

理論物理学者。1949年コロンビア大学教授。
1953年京都大学基礎物理学研究所所長。

　1934年（27才時）、核子間の力と崩壊を媒介する場の質量をもつ粒子の存在を予言。1936年、K中間子捕獲の理論提唱。π中間子（バイ）の実験確認は（64）パウエルが宇宙線観測中、1947年「π中間子の存在とそれが分裂してμ粒子（ミュー）とニュートリノになることを明らかにした。中間子は、強い相互作用をする粒子（ハドロン）のうち、陽子・中性子など以外の整数スピンをもつ素粒子の総称。メソン。湯川秀樹が予言したπ中間子はその一例。質量が電子と陽子との中間の意。中間子の存在を予言は素粒子論展開の契機を作った。中性子は（49）チャドウィックが1932年発見。電子は（17）トムソン（S.J.J.）が1897年発見。

　原子核はラザフォート（1871～1937）が1909年発見実証した。1908年ノーベル化学賞受賞。

　湯川秀樹の理論の背景には媒介（agent・代理人）がある。駅前のタクシー運転手に、ホテルの案内依頼は運転手の知識（客観）を受用し、直接性の効果（主観）と転移できる。系統樹の枝先探索だ。発想は予想、予想が明確なら発展、改良を加え強調で発見となる。そのため基礎知識は必要だ。英語に媒介のAとBの双方とりもつ単語はない。媒質（medium）はある。動詞が前にある順列の強さであり、数学ではパラメーターの媒介変数となる。ベルトコンベヤー社会であり効率はいい。スイスの数学者ベルヌーイ（1700～1782）は「流体力学」1738年著で、空気の移動状況を分析、翼の揚力を発見した。流体（気体・液体）の定常流が増すにつれて圧力は減小し凸面に揚力発生、鳥がとぶ原理。主観（現実と明示しつつある）は翼断で凸面、客観

（明示された）は流体の圧力動体で凹面の相互性が浮力となる。これが光速化すると重力波だ。中間に電磁波の多様性となる。具体的にスプレーガンでペンキ吹付け、吸引は電動掃除機。ヘリコプターはその大型、小型はドローンとなる。固定体と動体の潜在力が相対性と配置すると変化が発生する。変化とは別の平衡状体への移行であり、環境に適応は残り、不適は消滅する。ゴルフボール凹面は揚力発生用となる。

64. パウエル Powell (C.F.)

1903〜1969。イタリア。(1950単)。
イギリス、実験物理学者。1928年ブリストル大学教授。

1945年、宇宙線測定用の高感度写真フィルムを開発。南米大陸のアンデス山脈、フランスとスペインの国境のピレネー山脈、ヨーロッパのアルプス山脈などの高地観測所、気球による宇宙線観測で1947年「π中間子の存在と、それが分裂しμ粒子とニュートリノになることを発見した。(58) パウリ (W.) が1931年予言した素粒子である。「π中間子」中間子の一種。パイオンともいう。1935年 (63) 湯川秀樹により原子核内で陽子や中性子を結合させる核力およびβ崩壊を媒介する粒子として仮定的に導入され、(64) パウエルは宇宙線乾板の中で発見。1948年粒子加速器によって人工的に生成され、今日でも強力な中間子ビームが得られ、素粒子反応の研究用、癌治療用の放射線としても用いられている。弱い相互作用でミューニュートリノに崩壊する。素粒子は (103) ゲル・マン (M.) 参照。

65. ウォルトン Walton (E.T.S.)

1903～1995。(1951 (1/2))。

アイルランド。物理学者。1947年、ダブリン大学教授。

　1931年「直流高圧装置（コッククロフト＝ウォルソトン装置）で、陽子を加速、人工的に核破壊に初めて成功した。原子爆弾原理である。
　(66) コッククロフトとともに陽子の加速に成功。その後、原子核物理学の研究には加速器が不可欠の装置となった。天然の強い相互作用効果の破壊は、弱い相互作用効果をもって多様な原子の効果を制御する科学と発展することなる。

66. コッククロフト Cockcroft (S.J.D.)

1897～1967。(1951 (2/2))

イギリス。実験物理学者。1939年、ケンブリッジ大学教授。

　1932年、(55) ウォルトン（E.T.S.）とともに陽子の加速に成功。人工的に加速した陽子によってリチウム原子核を破壊し、史上初めて人工粒子線による核反応（破壊）に成功した。その後、原子核物理学の研究には加速器が不可欠の装置となった。高電圧発生装置を考案、加速した陽子をリチウム核に当てて二つの α 粒子に変え、人工加速粒子による原子核の人口破壊である。天然の強い相互作用効果の破壊は、弱い相互作用効果をもって多様な原子の効果を制御する科学と発展する好機を作ったことになる。意識も視聴覚は発生のスタートで、絵や音楽と発展し生活に浸透、動物の武器となる。

Ⅲ　近代後期

※ 67.　ノイマン　Neuman（J.V.）
1903〜1957。数学者。

「どんなやり方も完璧はではない。問題は状況に応じて最善の方法を選ぶことなのである」。
「正誤なく、優劣はある」となり、現代はコンピュータ（elctronic computer）の頭脳に相当する。コンピューターは電子技術で、計算や情報の処理を高速に行う装置で3種ある。(1) 連続的に変化する電圧・電流などで表現するアナログ（analog）で表現するアナログコンピュータは、取扱いが容易であるが、記憶容量の限界、精度の問題がある。(2) デジタル（digital）はすべての情報を「0と1」（なし・ある）の二進符号の組合せで表わし、論理代数を基礎とした回路の組合せにより、数値・データ・文字・言語・図形・音声など符号化され情報が処理されるデジタルコンピューで、コンピューターといばこのことを指す。また (1) と (2) を組合せた (3) のハイブリットコンピュータもあり、混成集積回路である。回路設計の自由度があり、大電力や高精度などをつくりやすい特性がある。
　1970年代に入り電子計算機の集積回路「IC」がどんどん大型化となり、回路が大ほど設計に費用がかかり、用途が専門的になり市場が小さくなった。必要は1つの回路でいろいろなことができるものだった。単純化である。ノイマン（J.V.）の「ゲームの理論と経経行動」1944・（モルゲンシュテル・共著）は評価された。（ゲームは常に「不確定性大会」となり、その最少が「n-1」と証明、優勝の命令とデータを同じメモリーに保存で構造の単純化の発想と具体化した。マイクロプロセッサー（装置制御用）とメモリーとの住復化（割り込み制御）のセットである。つまり、秤りの重量単位を他のものにも変換できるとした。(59) ブリッジマンは概念や量は操作で定まるとし、(31) プランクは（M.K.E.L.）は長い枝より短い「まき割」が有効と、

多くのゲームはこの内容が潜在の2次・3次と組み込まれてある。同じ行動（動き）でも（命令とデータの同意化）、つまり命令はデータからの選び出しと考える。相補性。動作でいえばトランポリンとなり、賢い秤だ。学術はアイマイはだめ。言い切る必要があり。このズレが難しい。多様可能でも人の実行はただ一つだけだからだ。現代は1000万分の1秒で命令を実行でき、電話線や無線でも画像を送れる。制御する命令は読み出し専用メモリーに保存されているから随時対応できる。人間社会は、物理的世界のように自然とランダム（行き当りばったり）性だけではなく、人間の意思によっても動いている。不明は指示待ちとなる。歴史を動かしている。人間の行動には目的があるからとなる。ノイマンは1940年、命令と資料を同じメモリー（頭脳）に保存し構造を単純化した。「マイクロプロセッサ（信号・通信処理装置）」を1971年登場。符号化の電子メモリーで集積回路「IC」の発想はノイマンに負う。

68. パーセル Purcell (E.M.)

1912〜1997。(1952 (1/2))
アメリカ。物理学者。ハーバード大学教授。

1949年。2次世界大戦中はレーダを研究。

1946年、核磁気共鳴（原子核の核スピン共鳴、核スピンは原子核の種類の状態で決まる固有の量）により液体や固定試料の中の原子核の磁気モーメント（力の分布状態）を測定する方法を確立し、この方面の先駆となった。また、1952年宇宙空間の水素原子から波長21cmマイクロ波を観測するなど電波天文学にも貢献した。

69. ブロッホ Bloch (F.)
1905〜1983。(1952 (2/2))
スイス生、アメリカ。**物理学者**。スタンフォード大学職員。

　1939年（102）アルバレズ（L.W.）とともに中性子の磁気能率の測定に成功。第2次大戦中は原子力およびレーダーの研究従事。1946年、核磁気誘導法による核磁気モーメントの測定法を案出。（68）パーセル（E.M.）参照。

　磁気モーメント（magnetic moment）磁気量の双極子モーメント。磁気には真磁荷（磁気単極）がないため、正負の等量の磁気量が「対」となった双極子が磁気の基本となる。等量の磁気量をm、磁極間の距離をlとするとき、大きさがmlで負極から正極へ向うベクトルを磁気モーメントという。荷電粒子が自転や閉軌道を回転するとき、閉じた電流をつくり、そのまわりに磁場を生じる。磁気双極子によるものであり、角運動量とする。「ml/c（cは真空中の光速度）」

　磁気を意識や認識に置換されたのが言語や文章となる。「真磁荷（磁気単極）不在」。「対」の仮定で話は進行、それがトラブル（紛争）因子。時々確認必要。人間社会は磁気モーメントで存在するからだ。磁気、重力、臭気、時間、核子は見えない。音声や象形（図形・文字・動作）に転換された（アートは正極）。磁気モーメントとなり対立、紛争も同様の強裂体。しかし環境の巨大性には勝てない。いつも隠れて在る。評価とはこのことをいう、単位不明が発生因だ。（22）マルコーニ（G.）参照。

70. ゼルニケ Zernike (F.)
1888〜1966。(1953(単))
オランダ。物理学者。フローニンゲン大学教授。

　回析格子(光を回折させてスペクトルを得るための装置、ガラス平面に1mmにつき600〜2000本線を平行に引いた平面格子、凹面鏡に細かく溝を引いた凹面格子の2種あり、プリズムに代わり、精密な分光器に使用。可視光線以外の赤外線・紫外線・X線にも使える。回折縞・分光学1875年、アメリカのジョンズ・ホプキンズが発明。荷電粒子周囲に磁場を生じることを実証した。(76) バーディーン (J.) 参照。天体分光学の発展に寄与した回析格子の研究。1934年、位相差法の原理を発見。絆創膏の効果原理となる。1938年ツァイス (C) 1816〜1888。ドイツの光学器社カール・ツァイの創設者。とともに「位相差顕微鏡を発明。細胞を殺さずに内部構造が調べられるようになった。(37) シーグバーン (K.M.G.)、(201) ボイル (W.) 参照。
　光ポンピングの発見もある。ルビーレーザー、ヤグレーザー等に発展。ポンピングは (25) ダレーン (N.G.) の応用。井戸ポンプの原理。

71. ボーテ Bothe (W.)
1891〜1957。ドイツ。(1954(1/2))
物理学者。(注・ボーデ (Bode (W.V.) は別人・美術史家)
ハイデルベルク大学教授。

　1925年、(33) コンプトン効果を研究し改良した。コンプトン効果は、物質により散乱X線は、入射X線と入射X線より長波長のX線

と2線あることを1923年（42）コンプトンが発見した。入射X線（主観）と散乱X線（客観）の差の起因は何か？

1929年（71）ボーテはコルヘルスターとともに2個の粒子が別々のガイガー計算管に同時に計測されるような装置（同時計測法）を考案し宇宙線を研究、宇宙線は γ 線だけでないことを発見。発散X線には別の粒子（光子）も含む、と実証した。

- バスの後座席は、進行時に時々横揺れもと2種ある。（実験では現れない）タイヤが傷害物に当るからだ、遠心力の発生である。
- （35）ボーア（N.H.D.）は電子雲の動きをエネルギー準位（レベル）と置換、「塊」の放出・吸収を光子と転移した。（17）トムソンは電子はケーキのころもとした。（99）ファインマン（R.P.）は電子は光子と交換されるとした。この等価性は波動（主観）と行列（客観）に置換され量子力学となる。

72. ボルン　Born (M.)

1882〜1970。ドイツ。（1954 (2/2)）

理論物理学者。ゲッティング大学教授。

1933年、ナチスに追われ、イギリスに亡命。ドイツへもどる。1926年、弟子の（46）ハイゼンベルク（W.K.）の不確定性原理と行列式打立に着想に刺激され、ヨルダン（P.）とともに量子力学研究へ進む。「行列式」建設者の1人となった。

ボルン（M.）は（38）シュレディンガー（E.）の波動と行列の定式化に統計的解釈を与え、のちに、量子力学の標準的となった。量子力学の基礎づけに寄与した。

晩年には戦争に科学の使用は反対し、原子力と科学者の責任などに

ついて論じた。

　現実に殺人光線は禁止されている。

（48）ディラックは波動と行列の統合の変換と現実と明示しつつある主観性。（72）ボルンは波動と行列の定式化の統計的に客観性明示されたと過去形。表現は2種ある。物理学は客観の集体と固定化。数式で答えが必要。後期量子学になると、パリティ。超伝導。くりこみ論・粒子論など状態性が現れてくる。主観性の認識。集積回路の設定でコンピューターと発展する。半導体の応用客観と主観のセットで時間の凝縮となる。この意識論はまだ現れない。心理と精神に置換できる。

73. クッシュ　Kusuch (P.)

1911～1993。（1955（1/2））

ドイツ生アメリカ。物理学者。コロンビア大学教授。

（57）ラビ（I.I.）とともに磁気共鳴吸収による超微細構造、核スピン、原子核の磁気二重極モーメントおよび電気四重極モーメントの測定を行った。1948年電子の磁気二重極モーメントの精密測定によってそれが（35）ボーア（N.H.D.）磁子よりも0.1％大きいことを示し、場の量子論の基礎を与えた。質量分析の創始である。（57）ラビ（I.I.）参照。

　場（ば・field）とは、空間領域の一義性。離れた粒子が作用を及ぼさず、空間の領域で関数と決まるとき、状態量の場と物理性の場の量子論。生物の場は発生学的で系に支配される。若芽を枝に移植すると元の枝になったり、移植枝にもなる。胚内の原基と、一定の広さをもつ器官の場が考えられる。最近では位置情報という概念で場の作用を

説明する考え方があり、環境に適応は残り、不適消滅からDNAの二重螺線（らせん）の構成とされている。短命な人間には確認不能。別の定理もあるとなる。質量は2種、重力質量と慣性（モーメント）質量だ。

事物はP（place）・T（time）・O（occasion）の背景で多様となり、固定から動態が加わると無限となる。

起、現実に「AI」・「IC」・「CD」等、ルート別であるが無限。

承、(6) マルクスは剰余価値。(45) ラマンは照射と錯乱。

転、違う扱い方の選出に転位した。

結、(63) 湯川秀樹は媒介。(98) 朝永振一郎は「くいこみ」。(197) 朝永振一郎は自発とした。共通は意識。共通の意識は認識の意義を理解と深まる。微細・迅速・巨大等は意識。前期物理学にはなかった事項で、磁気の分析が大きい。

意識は心理、認識は精神と置換できる。意識の2種だ。

74. ラム　Lamb（W.E.Jr.）

1913〜2008。(1955 (2/2))

アメリカ。物理学者。1974年アリゾナ大学教授。

1947年、学生のレザフォード（R.）とともに水素原子の準位についての「ラムシフト」を発見。「くりこみ理論のよい検証材料となった。(48) ディラックの電子論は、水素原子の準位は2P3/2準位と同じエネルギーをもつはずであるが、実際にはわずかに高いほうにずれている。このズレを「ラムシフト」という。遷移さを起させてエネルギー差を測定した。反作用の効果として、くりこみ理論を説明されるもので量子電磁力学の実験的検証の1つである。「くりこみ理論」は、電子の質量や電荷は値が無限大になるのを「自己の困難、発散の困難」などという。実測値に置換すると有限値を与えることができる。これ

を「くりこみ理論」と（98）朝永振一郎らによって定式化された。ソフトにいうと、多数の人々が会食するとき、上席の人がフォークを持ち始めると、他の人々もそれに習うとなり、行動転移もエネルギー（電波）となる。日本人は体験から和ばさみ、二本のハシ、こま回転、ししおどしを発見した。電子は知らなかった。（2）葛飾北斉参照。

IV
現代前期

75.　ショクリー　Shockley (W.B.)

1910〜1989。(1956 (1/3))

アメリカ。物理学者。ベル研究所技師。

　二次大戦後、トランジスター（transistor）の研究・発明の基礎を築いた。トランジスターとは、半導体内（常温での電気伝導率が導体と絶縁体の中間にある固体物質）の電子および正孔の移動による電流を整御することにより、増幅、発振などの動作を行う素子をいう。1948年ベル電話研究所の（75）ショ・クリー（W.B）・（76）バーディーン（J.）・（77）ブラッティン（W.H.）によって1948年発明された。

　この背景には、（67）ノイマン（J.V.）で（1903〜1957）、ハンガリー生れのアメリカの数学者の「ノイマン型コンピュータ」とゲーム理論の先駆的役割を果して高く評価されている。ソフトにいうと「何が良く、何が悪いかを言えるのは本人だけだ。審判はいない」となる。多くの学者はゲームは不明、科学的根拠がないという。ノイマンは通信機の意識を紙テープを媒介に命令を与えていたのを、内部に記憶のプログラムに変更できると逆算の概念で計算機を集合回路と転置した。集積回路の発明で、脳活動の記憶と命令を一ケ所にセットした。一般型コンピューターはプログラム内蔵のノイマン型コンピューターである。（67）ノイマン（J.V.）、（48）ディラック（P.A.M.）参照。

76.　バーディーン　Bardeen (J.)

1902～1994。(1956 (2/3))。

アメリカ。物理学者。1951年イリノイ大学教授。

　1948年ベル電話研究所の(75)ショクリー(W.B.)・(76)バーディーン(J.)・(77)ブラッティン(W.H.)の3名によってトランジスタは発明された。1948年トランジスタとは半導体内(常温での電気伝導率が導体と絶縁体の中間にある固体物質)の電子および正孔の移動による電流を整御することにより、増幅、発振などの動作を行う素子をいう。結晶中の原子またはイオンは小さく振動している。フォノンという。振動は波となり音波と同様。波をエネルギー集合とみなし(フォノン)、音量子とフォノンが運動量をもつことに対応させる。音響学的と光学的に分岐する。超電動現象と内電子がフォノンを交換することにより起る引力に起因する活動が電流を整御することで増幅、発振などの動作と転移する。真空管の中で行う電気信号の[1]整流、[2]増幅、[3]発振、[4]スイッチなどの操作も同様で、トランジスタの普及で真空管はほとんど使われなくなった。[1]起・[2]承・[3]転・[4]結と転移できる。(76)と(109)は同人。2回受賞した。(149)デーメルト(H.G.)参照。

77.　ブラッティン　Brattain (W.H.)

1902～1987。(1956 (3/3))

アメリカ。物理学者。技術者。ベル電話研究所。

　1948年、トランジスターを発明。(75)ショクリー(W.B.)・(76)

バーディーン（J.）・(77) ブラッティン（W.H.）と3名で発明。1948年。技術者の(77) ブラッティン（W.H.）は電子を研究した。(17) トムソン（S.J.J.）（1856〜1940）は、電子はクリスマスケーキのように具を包みこむものと提唱した。(35) ボーア（N.H.D.）（1885〜1962）は、電子は多数の電子雲と考え、原子核の周囲を幾重も重なり電子が回転する。エネルギー準位（レベル）から別のエネルギー準位に移るときエネルギーの「塊」を光として放出したり吸収したりするという説を提唱。相補性。この「塊」を光子とか光量子と呼んでいる。光の波長が短いほど光子のエネルギーは高いとする。雷鳴と雷光はフォノンを交換することによって起る引力に起因する。(76) バーディーン参照。

　フォノンとは、結晶中の原子・イオンは小さく振動している。この振動は波となり音波と同じ性質をもつ。この振動の波をフォノン（phonon）という。超伝導現象は金属内電子がフォノンを交換することで起こる引力に起因する。(26) カマーリング・オネス（H.）参照。

78.　楊振寧　ようしんねい

1922〜。中国系。(1957 (1/2))
物理学者。1965年ニューヨーク州立大学教授。

　1956年、(79) 李政道と共同で、弱い相互作用におけるパリティ非保存の理論（パリティ保存則）を発表した。
　物理方則が左右対称であれば、量子力学系は保存されるが、弱い相互作用が過程では、パリティ（偶奇性ともいう）。素粒子について、その内部状態を表わす。多粒子系のパリティは、各構成粒子の座標の符号を変えるとき、符号が変らなければプラス。変ればマイナスと定義する。強い相互作用ではプラス。弱い相互作用ではマイナスとする。

変化とは、ある状態から別の平衡状態への変移とするは、全体性。それが一部崩れる場合も多い。また、元の形に戻るのもある。この変化を符号に転移し、プラスとマイナスに置換した。数値的解釈となる。因子は共鳴・共振・応反力等の分折も可能となる。形も多様だ。物理学では理由も数値化することで実証するからだ。

79.　李政道　りせいどう
1926 〜。中国系。（1957 (2/2)）
アメリカ。物理学者。1956年、コロンビア大学教授。

　1956年、(78) 楊振寧と共同で、素粒子間の弱い相互作用においてパリティ（内部状態を表わす波動関数は、空間座標を反転したとき、不変であるか符号だけを変えるかである。この性質をパリティという。左右対称であればパリティは保存されるが、弱い相互作用ではパリティは保存されない）つまり弱い相互作用では左右対称が崩れるからとなる。国会でいえば野党となる。アート（art）も時代で変わる。現代は量子物理学的で多様は微細と巨大を包括する。
　現実は常に動態である。言語で多様に表現されてきた。数値もその一部。古典力学で大枠、量子力学で微細と巨大。生物分子学では遺伝子等、環境が変われば、適応度の基準も変わる。物理学の中に原理で統合も不等があり、それを抽出したのがパリティだ。その後、「くりこみ理論」・「自発的対称性の破れ」「ヒッグス機構」等。具象や抽象も現れてきた。多くは電荷とされるが連続体に「相補曲線」と「場所・時間・好機」と合体と（215）土井棟治朗の提唱もある。

80. タム　Tamm (I.E.)

1895〜1971。(1958 (1/3)) ロシア。

物理学者。1927年モスクワ大学教授。

　1932年 (49) チャドウィック (J.) が中性子発見の直後に、原子核は陽子と中性子から成るをの理論をイワネンコ (D.) とともに提唱。中性子の功用を組み込んだ。(70) チェレンコフ効果 (1934発見) の理論的研究を行い、成因と諸特性を明らかにした。また (63) 湯川秀樹の中間子理論の先駆といえる核力理論を展開した (1934年)。核力とは原子核を構成する核子間に動く力。核子は原子核を構成する陽子と中間子の総称である。

　後に (152) ケンドールにより1964年硬い塊り（フォーク）が中にあると発見された。

---

81. チェレンコフ　Chernokov (P.A.)

(1958 (2/3))

1904〜1990。ロシア。物理学者。レーベデフ　物理学研究所所員。

　1934年、「チェレンコフ放射」を発見。この現象は、それまで蛍光現象とされていたγ線（ガンマ）が液体や固体に当ると弱い青色光が出る。γ線から生じる高速電子の新しい放射と発見された。(80) タム (I.E.) と (82) フランク (II'.ya.M.) が理論的に説明した。この現象はそのまま高エネルギー荷電粒子線の検出にチェレンコフ計数器と利用される。

　1　光。（ケイ光・偏光・オーロラ・星の反射光・太陽光・霧箱。等）

2　電磁波。
　3　紫外線。赤外線。(見えない)。
　4　可視光線（波動性）。
　5　回折・干渉・偏光。
　6　黒体放射 ⎫
　7　光電効果 ⎬（粒子説）
　8　P・T・Oで変化する光。ブラックホール。
光の分析多様。

82.　フランク　Frank (Ilya.M.)

1908～1990。(1958 (3/3))

ロシア。物理学者。レーベデフ物理学研究所、モスクワ大学物理学部部長、1944年。

　1937年 (81)「チェレンコフ放射」の理論を発表。ほかに、γ線、中性子線の研究もある。(81) チェレンコフ効果の数学的理論を展開した。

(81) チェレンコフ (P.A.) は1934年、可視光域の電磁波を発見。
(80) タム (I.E.) と (82) フランク (II'.M.) が1937年、チェレンコフ放射の理論発表。
(83) ポントリャーギン (L.S.)、1938年、「連続群論」著。
(69) ブロッホ (F) は1939年、核磁気モーメント測定法発見。
(141) ビニヒ (G.) と (143) ローラー (H.) ともに1978年、走査トンネル顕微鏡で可視光線は波長範囲が約380nm～780nmの範囲であることが確かめられた。ナノテクノロジーで、10億分の1を意味する。(81) チェレンコフ計数器で計測する要素となる。

※ 83. ポントリャーギン　Pontryagin (L.S.)
1908～1988。
ロシア、数学者。

　「最適過程の数学的理論」1956。「連続群論」1938。著。
　人は「今、どうするか」と情報の対称性（現実と非現実）を気にしながら、天秤に掛け選択の命令を待っている。最善の舵をとることをフイルタリングという、篩(ふるい)である。確率制御の確率論という。これが最適過程の連続であり、旅先での諸状況に対応できる、登山なら「依食住」と途中の装備も含む。各自の状況に転移を数学的に記号で分析し要素を抽出した。原始的なのは現地調達となり、結果は環境に適応は残り不適消滅となる。この原理が発見されたおかげで、オートメーション工学（自動化）という新しい教理分野が発展することになった。具体的にコンピューターに記憶のセットだ。機械とは流れ作動という概念から、「記憶・選択・命令」のP（place）・T（time）・O（occasion）を記号化で「Yes・No」にセットすることの2進法に転移となる。それを電子速で行う。レーザー化であり、技術的には電子レンズ構想の一種となる。端的に人生案内となる。
　ポントリャーギンは14才のとき爆発事故で失明。以後、母のタチャーナが彼のために読み書きを教えた。母と子の連携が実を結ぶ。1941年にスターリン賞を受けた。ポントリャーギンは14才の視覚を維持し、夢で見ることもできた。ベートーベン（1770～1827）も聴覚治療の鉛中毒で失聴。しかし、夢では聞こえた。彼の交響曲を目をつむり聞くと波動と行列の量子力学的でよく判る。つまり、ダイナミックと繊細のハーモニーであり、環境の構築である。発想に共通の要素で、その評価は美辞麗句の転移、物理学では相転移の協力現象で、他に超伝導、対称性の破れ、くりこみ論、電磁力、素粒子など感性的認識を分析してあり、(39)ヘルツ（G.L.）参照。現代は目的への道

具性ともなる。自然は巨大で多様、それが大から小へ転移する。人間は願望と意識を小から大へ向かう。拮抗と相対効の優劣が同時点を抽出、エネルギー転移を発見で発達し進化という。数式で（n－1）と優勝者の抽出と群論で相補の電気と電子の共演は進化を拡大した。「AI」・人工知能は愚かな人間より優れ、人の意識もゆすぶられている。新しい時代への変化となる。

　新聞の人生相談はフィルタリングであり最強はなく可能の最大となる。

※ 84. 黒澤明　くろさわ　あきら
1910～1998。
日本。映画監督。代表作、「七人の侍」、「生きる」。

　ダイナミック（躍動的・力強さ）とスタティック（静的）の対比と、繊細と単純の併置で演出した。アメリカの西部映画も「七人の侍」と同名の映画もつくられた。ポイント（要点）は、事件の発生は簡単、誰でも毎日何か発生し、それとなく対応している事柄であるが、その取りまとめ方のユニーク、独特、他にない特徴の発想となり、場所・時間・好機の対応となる。
　（122）バンブレック（J.H）（1899～1980）、アメリカの物理学者は、1930年代に「磁性（magnetism）の平行と方向の近ずくと離れるの常磁性と、逆の反強磁性（温度が下がると絶対温度に反比例して増大するが、鉄族の酸化物では、ある温度で極大となり、それ以下では磁場の強さに依存する。この現象を反強磁性という）ある温度以上では熱運動のため無秩序の常磁性を示すことをいう。富山湾は北アルプスの冷水が流れこみで海上の蜃気楼も気温差の屈折である。
　人間の場合は、立場や関係性で対応は変化するのと同等であり、個

人と集団とは磁場は個人、磁界は社会となる。強弱は検磁計となるが、人間には意識という脳活動が支配するため、統計資料となり、正確ではないが、協力現象として重要である。黒澤監督はこれらを複数のカメラで4つの力(ちから)貯留合成し同じ場面を編集技術で効率をセットした。
（132）シーグバーン（K.M.B.）（1918～2007）。電子分光法は1970年化学分析の手段として世界中で使われている。光電子のエネルギースペクトルで光電子分光法。電子辞書と携帯電話の登場で爆発的に普及の段階に入っている。電子書籍と一般的になっている。さらに音声、映像、映像、動画、手稿史料がデジタル化されている。欧米・中国などに日本は大きく遅れをとっている。映画は何かを隠す物語となり視聴覚文化となる。終ったら残るもの体験の準エネルギーで、同位元素だ。連想と媒介だ。自分ならこうすると励起させたら成功だ。100番のフェルミウム原子。考古学年代測定に応用。

　これは時間の電子装置で、世界中がグローバル（世界的）な現象であり、それに対応の場所と好機は逆に凝縮した。困ったとつぶやく程度で改良改善は雲の中である。新しい文明開化であり、（11）デューイ（J.）（1859～1952）のプラグマティズム（機能心理学・道具主義）がグローバル（世界的）と当然の道標、他国は宇宙へむいている。流木拾い文化の日本はどうするかとなり、楽しみだ。サスペンス（緊張感）は全体を輪切りして逆説の並列、ラストに平衡。ピエロ（仏語）は滑稽が特徴。日常との比較は欧米文化である。黒澤明はこれら翻訳した。現代は日本の流木拾文化（漫画）を他国が翻訳している。
（133）ショーロー（A.L.）参照。演出はフィルタリングの連続で人を拘束する。欧米漫画は単純でも、日本の漫画には哲学があり潜在でも希望が見付かるからだ。

85. セグレ　Segre (E.G.)

1905〜1980。(1959 (1/2))

イタリア生アメリカ。物理学者。

　1938年、ファシズム台頭とともにアメリカへ亡命。

　1932年ローマ大学物理学助教授時代（54）フェルミ（E.）の中性子研究グループに参加。1946年カリフォルニア大学教授。

　イタリアでは遅い中性子の照射によって得られる放射性元素の研究。人工元素として初めての「テクネチウム」の発見（1937年）などを行い、アメリカへ渡ってから「アスタチン」の発見（1940年）プルトニウム239の発見などがある。1955年（86）チェンバレンらとともに反陽子を発見した。地中海の中心イタリアは世界の中心となった。「$8\frac{1}{2}$」。イタリア映画題名。1963年、原案・監督「グイド」。題名の意味は、太陽光が地球まで届く時間の8分30秒のこと。イタリア人は新発見のセンス（判断力）があり、人工衛星の打ち上げ台がでてくる。1957年ロシア、1958年アメリカ、1970年日本で打ち上げられ、現代はスマホ用衛星等多く存在する。フランス人は上品と美を好むのだ。哲学的である。(113) デリダ（J.）参照。

---

86. チェンバレン　Chamberlain (O.)

1920〜2006。(1959 (2/2))

アメリカ。物理学者。1989年、カリフォルニア大学名誉教授。

　マンハッタン計画に参加。（第2次大戦中にアメリカの原子爆弾製造計画の暗号名。）1955年（85）セグレらとともに「ベバトロン加速

器で反陽子（反核子）を発見。1956年反中性子の存在を確認した。（反粒子。ある素粒子と同じ質量、スピン、寿命をもち、加法的内部量子数の符号が逆である粒子をその素粒子の反粒子という。反粒子は常に粒子と対になって生成し、また粒子と合体すると崩壊してγ線（電子の場合）またはπ中間子（核子の場合）になるが、その際エネルギー（質量も含む）保存の法則が成立する。

87.　グレーザー　Glaser (D.A.)
（1960（単））
1926〜2013。アメリカ。物理学者。1959年、ミシガン大学教授。

　霧箱の逆、液体の中に気泡の列をつくることを発想し1952年、泡箱をつくった。ラセン電子は泡箱となる。粒子のヒセキ（飛跡）が残るからだ。シャンパンの発泡をみての転移だ。「ラセン階段」と同様。この思考は後に「DNA」の2重らせんに転移。34才でノーベル物理学賞受賞はもっとも若い。霧箱は荷電粒子が水かアルコールの蒸気で過飽和の気体の気体の中を走る進路に沿ってつくる霧滴粒子の飛効を観測装置。（41）ウイルソン（C.T.R.）（1860〜1959）が発明した。素粒子物理学の発展に貢献した。泡箱は液体が核反応または素粒子反応の標的物質となるので飛効を始点から観察できる。液体水素泡箱は素粒子反応研究に有用である。泡箱それ自体では特定の反応を固定しての写真撮影ができず効率が悪いため、現代はその欠点を補う他の観測装置・方法の出現と相まって1980年代後、大型泡箱は運転停止。初期状態は空瓶に水を入れても泡箱同様の観察できるため小型で多様に応用される。アルミ鍋に水入れ加熱は、底面に酸素泡ができる。

88. ホーフスタッター Hofstadter (R.)
（1961（1/2））

1915〜1990。アメリカ。物理学者。1985年スタンフォード大学教授。

原子核内部の研究。荷電分布、磁気モーメント分布など。大型線形加速器（電子・陽子他荷電粒子を加速し高運動エネルギーにし高速子に対する装置）。電子銃・陽イオン源など発生させる。直線形・円型など、到達エネルギーが大ほど大型となる。1985年。

原子核は、陽子・中性子（核子）が核力（強い相互作用）によって結合したもの、分子の（弱い相互作用）より6桁も大きい。（この差が(90)ランダウの二体流理論や、(78)楊振寧のパリティ論の因子となる）。原子核は安定したものと放射能で自然崩壊のものとあり、α崩壊・β崩壊・γ崩壊等がある。「$^{12}_{6}C$」の炭素原子核は質量数^{12}に、原子番号6と書く。核分裂や核融合で内部エネルギー解放が原子力となる。星のエネルギー源は内部の熱核反応で種々の原子核がつくられる。原子核は正の電荷をもつ粒子で原子の中心部にあり原子直径の10万分の1、原子質量のほとんと全部を占める。その外部を負の電子雲で包まれてるのが原子となる。(17)トムソン参照

果物の実は原子の拡大となる。(186)グロス（D.J.）参照。

---

89. メスバウアー Mössbauer (R.L.)
1929〜。(1961(2/2))

ドイツ。物理学者。1964年ミュンヘン工科大学教授。

「メスバウアー効果」を発見。1957年。エネルギー変化がわずかな

現象の精密測定、相対性理論の実験的検証で物理学の発展が促された。「メスバウアー効果」とは、放射原子核がγ線放出のとき、α線が大エネルギーと運動量のため原子核がはね返される（反跳）。同種原子核に吸収されない。結晶が特殊条件下で反跳のないことを発見。狭いγ線放出だ。「^{57}Fe・^{191}Jr」など20種の同位元素（アイソトープ・原子番号が等しく、質量数が異なる原子または原子核を互いに同位体であるという）。量子力などギアBoxのブレーキだ。モーメント逆算である。(57) ラビ（I.I.）参照。固体物理学に役立つ、重力場の赤法偏移検証に有効である。考古学の年代測定に応用。

90.　ランダウ　Landau（L.D.）
1908～1968。(1962（単))。
ロシア。物理学者。石油工業の技術者の子供。

---

　(116) ボーア（A.N.）に招かれ5年間、コペンハーゲンの理論物理学研究所ですごした。後にモスクワ大学教授。量子力学の多体問題への拡張にすぐれた成功を収めた。特に液体ヘリウムの超流動の理論（二流体理論）はみごとなものであった。（超流動および超伝導における現象論。1938年、液体ヘリウム4の超流動相での性質説明の提唱。流体は通常の流体と同じ粘性をもつ常流動体と、粘性がない超流動体の2つの流体成分からできていると考える。その後、熱的励起で生成の集団が常流動体と形成すると考えた。噴水効果や粘性をももつとした）。第二音波の存在も予言され、のちに実証された。極低温現象を研究した。(26) カマーリング・オネス（H.）参照。
　一見、単体と見える縄やロープでも細い稲わらを打ちや細糸の撚り集りである。電子線となる絹は蚕のまゆからとった繊維。それから織った織物。日本から輸出された頃、ヨーロッパでは不明の物質で

あった。逆に分析技術は発達し、日本は遅れた。職人仕事である。
(2) 北斉の波画も波動式より100年も前に現れた、電子の存在は知らかったが連想の中に存在した。

木は乾くと縮む、計算して板張りは溝(みぞ)に収める。

91. イェンゼン Jensen (J.H.D.)
1907～1973。(1963 (1/3))
ドイツ。理論物理学者。1949年、ハイデルベルク大学教授。

1949年。ハクセル(O.)・スエス(H.E.)と共同で原子核の殻模型を提唱。高圧物理学から原子核構造の研究に移り、(93) メーヤー(M.G.)と独立に原子核の殻模型を提唱。魔法数(原子)と、陽子(原子番号)または中性子(ニュートロン)の数が「2、8、20、28、50、82、120」である原子核は特別に安定で、自然界にも多数・存在する。これらを魔法数という。職人仕事で素人は知らない。

1933年、エルサッサー(W)が発見。1949年、(93) メーヤー(M.G.)、(91) イェンゼンらの殻模型(原子核模型)により理論的に説明された。経験値で時間も計算している。

中性子と陽子とが原子核の構成要素と指摘したのが(46)ハイゼンベルク。従来の核理論の難点を解消し、群構造論の基礎を築いた。

陽子と中性子を「核子」と一つの粒子の違った荷電状態とみなし(仮定)た。原理と認識すると、何かを付則し2次・3次と相補の発展は応用となる。この仮定は素粒子の分類に広く用いられている。中性子はエネルギーで速いと遅いの2種あり、遅いほうが核反応を起しやすい。(44) ド・ブロイ波はこれを利用し結晶や分子の構造解析や、磁性の研究に広く用いられる。基本的な力は3種。電磁力、万有引力、原子核形成の核力の3つ。強い順から [1] 強核力、[2] 電磁力、[3] 弱核

力、⁽⁴⁾重力（引力）。(172) フェルトマン（M.J.G.）参照。

92. ウィグナー Wigner (E.P.)
1902～1995。(1963 (2/3))。
ハンガリー生。アメリカ。**理論物理学者**。
プリンストン大学教授。

　1936年、中性子吸収の理論で原子炉の理論的基礎を設定。また、(78) 楊振寧の「パリティ保存則」を、分子や原子核への「群論」の応用、（南船北馬の転移）固体の凝集エネルギーの理論など研究。第2次大戦中は、(54) フェルミ（E.）（フェルミ統計）とともに原子炉の開発に従事。量子力学の数学的問題、場の量子化法、個体の凝集エネルギーの計算、原子核反応理論など、「群論」で活躍した。(99) ファインマン（R.P.）参照。
　陽子と中性子を核子とし、一つの粒子の「核力」と仮定は電子も加わり「エレクトロニクス・electronics・電子工学」という学問と創始された。真空内（真空管内）・固体内（半導体内）の電子の流れや電磁現象の応用研究である。通信・計測・情報処理など、頭脳支配の意識・記憶・集積・選別（命令）等を調整や制御に転移する。「AI」（人工頭脳）と生活の必需品となった。利便と誤信の両端と混合もあり、社会現象も揺れている。
　対応は自ら計算や逆算で時々対応することだ。(22) マルコーニ（G.）参照。群論対応である。

93.　メーヤー　Mayer (M.G.)
1906～1972。(1963 (3/3))

ポーランド生。アメリカ。物理学者。シカゴ大学教授。

　1947年、原子爆弾研究で、ウラン同位元素の分離研究で特定の数の中性子と陽子からなる原子核が異常な安定性を突止め、それを原子核の殻模型で説明した。「原子核のシェル構造に関する基礎理論」である。(91) イェンゼンの「魔法数」も (92) ウィグナーは群論と扱った。また、オーストラリアのシドニーに建設されたオペラハウスも魔法数をヒントにされたとなった。(91) イェンゼン参照。

　(91) イェンゼン (P)、(92) ウィグナー (T)、(93) メーヤーを (O) と転移は「P.T.O.」となる。スペイン、ガウディ (1852～1926) のバルセロナ、ザグラダ・ファミリア教会 (1926～) は原子核を包む陽子と電子雲であり、記憶に残る空間となる。

94.　タウンズ　Tounss (C.H.)
1915～2015。(1964 (1/3))。

アメリカ。物理学者。1939年ベル電話研究所入所。1967年カルフォルニア大学教授。

　レーダの研究。マイクロ波分光学 (電波分光学) 研究に従事。
1951年　メーザーの原理着想。原子や分子の誘導放出を用いて電磁波の増幅。発振を行う装置、microwave。(増幅は[2] 承。発振は[3] 転。)
52年　1952年、ロシアの (95) バーソフ (N.G.) と (96) プロホル

	フ（A.M.）と共同でメーザー原理発表。1955年3準位メーザー完成。
1953年	12月完成。
54年	
55年	
56年	microwave・マイクロ波とは、連続した波のうねりの間隔を波長という。毎秒間に一点を通過する波の数を振動数とする。波長30cm〜1mm以下のサブミリ波までの領域の電磁波。放物面反射鏡や電磁ホーンのアンテチで受けレーダ（受信）できた。テレビ中継用。電子レンジのマイクロ波で水分吸収の加熱もある。電場と磁場での波が電磁波。
57年	
58年	レーザーを理論的に提唱。（光で[1]整流は[1]起と、スイッチの[4]結を、レーザーの起承転結とセットした）(76) バーディーン参照。
59年	
60年	アメリカのメイマン（I.H.）（1927〜2007）がメーザー理論を発展させレーザー（短波発振装置）ルビーレーザー（固体レーザー）で完成。 アンモニア分子線の液体。水素原子線の気体メーザー。常磁性共鳴利用のルビーなどの固体メーザーなど多様。

microwave

amplification by

stimulated

emission of

radiationの頭文字をつないで名づけられた。

光量子のポンピング（井戸堀ポンプ構造）応用となる。

原理の人工結合で新原理と発展する。

95. バーソフ　Basov (N.G.)

1922〜2001。(1964 (2/3))

ロシア。物理学者。科学アカデミー物理学研究所所員。

1952年、(96) プロホロフと共同でメーザーの原理を発表。1955年、3準位メーザーを完成。メーザーは、原子・分子の誘導放出を用いて電磁波の増幅・発振の装置、microwave。

1953年、(94) タウンズ (C.H.) が発振と完成。気体メーザーは周波数の安定性がよく電波望遠鏡に用いられる。さらに光をマイクロ波空洞共振器で発振するものと発展し「レーザー」となった。光ポンピング効果だ。

(134) ブルームバーゲン参照。(7) レントゲン参照。

(94) タウンズは電磁波の気体振動から、変化と転移は多様だ。

(95) バーソフは、原子・分子の物質振動から発想。

停滞と増幅	固定と移動	行列と波動
発振と共鳴	上昇と消滅	統計と分散
干渉（侵入）と回析	放射と吸収	迅速と遅速
磁場と磁界	気体と液体	直線と曲線
潜在と浮上	巨大と微細	回転と螺旋
動体と共振	場所と時間	分配と爆発、等々。

maser　メーザー。	laser　レーザー。
microwave	light
amplification by	amplification by
stimulated	stimulated
emission of	emission of
radiation。	radiation.
誘導放出を利用し、周波数や位相が揃ったマイクロ波を増幅・発振する装置。 マイクロ波、宇宙通信、電子時計などに利用。 電磁波の応用。短時間で料理。	導放出を利用し、周波数や位相が揃った光を増幅・発振する装置。 光、可視光線に限らず、マイクロ波よりも周波数の高い電磁波に対していう。狭面に高密度光エネルギーを集中させうる。 光通信、加工・医療（メス動作）に応用。 光（光子＝電子の応用。 粒子で細微と光速で速い。

「AI」効果の現代性。

　メーザーのマイクロ波発振発熱は電子レンジ効果。普通の調理は水を加熱し関節的煮たき。メーザーはマイクロ波で物体内の水を吸収し熱し、さらに戻すと電子速の調理。味までは感知しない。猿や子供の絵は転移が主題、芸術になり得ないのは、観念や選出力の不足である。

96.　プロホロフ　Prokhorov (A.M.)
　　（1964 (3/3)）
　　1916～2022。ロシア。物理学者。モスクワ大学教授。

　1952年、(95) バーソフとともにマイクロ波（マイクロウェーブともいう。波長約30cmから1mm以下のザブミリ波までの領域の電磁

波。テレビジョン用の電波より指向性がよい。この電波を用いて初めてレーダ（rader。電波照射し反射させ方向や距離を測定する）ができた。周波数が高いので、送りうる情報量は多く、多重通信やテレビジョン中継に使われる。電波分光学など物理・化学研究にも用途が広い。Lens（レンズ）線集結結象。電子レンジ（oven、加熱利用）では波長12cm、出力数百W以上のマイクロ波で水分の吸収により加熱を行う。

（134）ブルームバーゲン参照。

　これらの背景には「波の回折と干渉」（ヤング（T）（1773〜1829）がある干渉には「自然体（クジャクの羽色）と人工体（シャボン玉を見る動体で色変る認識）と2種あり、これがメーザーからレーザー（light）（電子の速さ）に転移と同等となる。（干渉は2種ある）2種のセットがホログラフィー（106）ガボール）と立体映像だ。行列と波動の磁場と磁界のセットで量子力学発生と同意だ。

97.　シュウィンガー　Schwinger (J.S.)
（1965 (1/3)）
1918〜1994。アメリカ。理論物理学者。ハーバード大学教授。

　1947年、（48）ディラック（P.A.M.）の統計力学を研究。（47）シュレーディンガー（E.）の波動力学と（46）ハイゼンベルク（W.K.）の行列式を統合の放射場の量子論を相対論的量子力学と提唱した。これは陽電子示唆となり、（98）朝永振一郎の「超多時間理論」とは独立に、相対性理論と提唱した。

　量子論をどのように設定するかの意識論体の一つであり。相対性と相手との関係だ。（99）ファインマンは「光子は電子と交換される」

と「場」。(98)朝永振一郎は「くりこみ論」と好機の提唱。
　(47)「シュレーディンガーの猫」(1887〜1961)は「生と死」の同居であり、背景に死も存在と隠されてある。哲学的だ。(62)エリクソンは(103)ゲルマンの八道説と自己満足を分析した人間意識となる。発生から修了まで順序。相補曲線の具体化となる。第1次大戦中は軍隊にいた。電子・原子レベルの粒子に波動性(44)(ド・ブロイ波)潜在を拡張とした。存在とは、無数の背景からただひとつ選択の実行であり、複数は不能。それが量子論となる。「P・T・O」(place・time・occaion)の中に含まれてある。シェークスピア(1564〜1616)は言った。「あるかないかそれが問題だ(To be or not to be this is the question)」環境に適合は残り、不適消滅が現実となる。意識発生4分節。自穴の欧米と流木拾の日本では、

　　起。主観。　(197)南部陽一郎。　　自発的対称性の破れ。
　　承。客観。　(63)湯川秀樹。　　　媒介の中間子。
　　転。好機。　(98)朝永振一郎。　　「くりこみ理論」の超多時間。
　　結。相補。　(215)土井棟治朗。　　動波曲線の双体維持。

　潜在は意識の気力と認識の自信とあり、P・T・Oで入れ換わる。

98. 朝永振一郎 ともながしんいちろう

(1965(2/3))

1906〜1979。日本。物理学者。ドイツ留学。1956年東京教育大学教授。学長。

　1947年くりこみ理論発表。
　量子電磁力学において、電子と電磁場の相互作用を量子論的に扱うと、電子自体がつくる場の反作用により電子の質量や電荷の値が無限大になってしまう。これを自己エネルギーの困難、発散の困難などと

いう物理学は困難を「拮抗の群論で相補」と有効果となる。そこで、理論から得られる質量と電荷の値を有限値を与えることができる。この方法をくりこみ理論という。1947年、朝永振一郎。(97)シュウィンガー(J.S.)(1918～1994)(具体的に大勢の中で一人がスプーン持つと皆それに従う)。(99)ファインマン(R.P.)(1918～1988)らにより、定式化され、超多時間理論と合わせ量子電磁力学をほぼ完成させた。これを具体化が(76)バーディーンのトランジスターと「BCS理論」に発展する。日本では経験から「ししおどし」を動力と転移し石臼に応用。

　水素原子を核磁気共鳴で観測して発見。くりこみ理論を適用した量子電磁力学で(74)ラム・シフトは見事に説明された。(99)ファインマンは理由を光子と電子は交換されるといった。(2)葛飾北斎参照。

99. ファインマン　Feyman (R.P.)
1918～1988。(1965 (3/3))
アメリカ。理論物理学者。カルフォニア工科大学教授。

　量子電磁力学の「くりこみ理論」の研究で、「場(place)」理論、「光子は電子と交換される」と提唱。(84)シュウィンガーは「超多時間理論」で「時間」を、(85)朝永振一郎は「くりこみ理論」と計算上は無限大に発散の物理量を有限の値におきかえて(occasion)発散の困難を避けようとする計算法を提唱。群論で成功した人である。

　(86)ファインマンは「光子と電子の交換」で場を確保。place・time・occasion(好機)と「P・T・O」とセットした。くりこみ、または再規格代と転移した。相対的波動方程式である。これは三重点の気相・液相・固相が同時に共有な状態、温度も圧力も一定の温度目盛りとも置換できる。後期物理学の量子(微細)と物質(宇宙)との相

対性でもあり、他との関係において在るもの、関係、状況。絶対化は存在せず、変化態のすべてに置換できる。またこの意識を柔軟に対処することで人間は存在できるとなる。・日本人は相対は当然と考える。流木拾。アフリカ人はマナイタ無く果物を切る板は無い。すべて手で自前の原始体だ。(178) ワイマン (C.E.) は1995年に光子を実証した。

・日本人は生活の中でハシを使い、和バサミ「ポンピング原理だ、(25) ダレーン。遊びのコマ回しも同様。世界中の人々は驚く。

・電子集体で形は機能に従う・機能は形を作る。群論効果となる。

・環境に適応残、不適消滅。還元（もとに戻る）。縄は相対性だ。

大枠は判明し、これからは詳細に移行することになる。

ダンス・アイスショー・照明動体。オーロラをイメージすると転移できる。相対だ。夢に啓示と神が現れたの話は多い、誰でも夢を見る。その説明仮定で多くが理解する。言語の発生である。(83) ポントリャーギン (L.S.) 参照。

100. カストレル Kastler (A.)

1902〜1984。フランス。(1966（単))

物理学者。ベルギーの高等師範学校教授。

原子のエルネギー準位（準は、それに次ぐ、よりどころ、準備など）、ヘルツ波共鳴ヘルツ (H.R.) (1857〜1894) (39) ヘルツ (G.L.) は叔父（おじ）。電磁波（電磁場の振動が波動として真空または物質中を伝わっていくもの。電波・赤外線・X線・可視光線などを初めて実験し光が同質という予言を実証の電磁波を研究し、カストレルは電磁波の感度の研究である。光ポンピングを開発した。

ポンピング (pumping) 井戸水をポンプで吸い上げる原理、(25) ダレーン参照。外部からエネルギーを注入し、低エネルギーの原子、

分子粒子を励起、高エネルギー粒子を多数つくること。主なものは光・放電・電流など。メーザー、レーザー（134）ブルームバーゲン（N.）参照。光と電子線を当て励起に用いられる。フランスの哲学者（10）ベルグソン（1859～1941）は「エラン・ヴイタル」と感度を邂逅は感動をよび覚すと励起する準物質の意識と転移した。新しい宇宙論、文学や芸術の世界でも反響を呼び、1929年ノーベル文学賞受賞。また（113）デリダ。フランスの哲学者。（1930～2004）は「差延」（さえん）と脱構造主義の哲学を創始した。電子包括体の原点説。

哲学は「知」の原子と転移し、電子群（社会現象）で包括は脱構築と固体でなく流体とした。環境に適応が残る。現実は「AI」に哲学の居場所は無い。光速で時間消滅。光速空間の特性で吸収と放射は同時に見える。調教の訓練だけが頼りだ。学者は温故知新を振り回すが不能。メンツを持ち出す。幻だ。抗争も幻。新時代の創始であり相手が疲れるのを待つとなる。持続可能性（sustainability）の発生である。（5）シンガー（I.M.）参照。

101. ベーテ　Bethe (H.A.)

1906～2005。(1967(単))

ドイツ系アメリカ。物理学者。1975年コーネル大学教授。

1938年太陽のエネルギーが水素からヘリウムへの核融合反応（その際炭素が触媒（自体は化学変化せず他物質質の化学反応促進する物質。媒質の空気・空間はある。客観の明示された間接。媒介は橋わたし、仲立ちで現実と明示しつつある主観。直接、動詞が前の英語にはない）によってつくりだされることを明らかにした。原子構造、原子核構造の反応、固体物理、場の理論等を研究。マンハッタン計画に指導的な役割を果した。戦後は科学の社会的責任を強調発言を行った。

1938年ベーテ（H.A.）とは独立にドイツの物理学者。ワイツゼッカー（1912～2007）が、恒星のエネルギー源を熱核反応によって発性を説明。1944年ガス状物質が自転している間に渦を生じて惑星をつくったとする太陽系形成理論を発表した。弟ワイツゼッカー（R.V.）は1984～1994年ドイツ大統領だった。
　現在、太陽は重水素などの原子核が融合し膨大なエネルギーを発生。それを地上で再現させる核融合発電に向け、日欧米などが参加する国際熱核融合実験（ITER）が注目されている。
・現代の最先端物理研究は、地上で太陽エネルギーの創造である。

102. アルバレズ　Alvarez (I.W.)
1911～1988。(1968（単））
アメリカ。物理学者。

　1943年マサチューセッツ工科大学でレーダの研究。1945年、陽子線形加速器の建設に成功。泡箱の改良に努め、これを使って高エネルギーで起る素粒子の共鳴状態を数多く発見した。コンピュータで観測データを高速度に解析する技術を開発、短寿命（10^{-24}秒以下）の粒子（素粒子）の観測を可能にし、反ラムダ粒子（素粒子論）を発見した。

　ピラミッドの空間（空気）（共鳴）発見として、宇宙線で。共鳴を反強性論としたのが（105）ネール。（見える）「表面」と（見えない）「内実」の差！（物理では分離困難）（言語で多様に潜在と語られる）。
「AI」と現実との差に転移できる。「P・T・O」の合成である。

IV 現代前期

103. ゲル・マン Gell・Mann (M.)

1929〜。(1969(単))

アメリカ。理論物理学者。1956年カルフォルニア工科大学教授。

　素粒子論を研究。1953年パリティ子論の概念を確立。対称性原理に基づき素粒子を分類、グサイゼロ粒子発見の基礎をつくった。またすべての素粒子を8個の基本粒子の複合として説明する八道説や、数は300種以上。基本粒子クォーク（quark）から導出する理論を提唱した。それを3種とセットした。

　素粒子とは、物理学の物質または場を構成する基本粒子で具体的に、分子、電子、原子、陽子、中性子、原子核、クォーク、（場所と納ったら硬さが太くなり離反しないのだ。）ハドロン（強い相互作用の素粒子）の8種。つまり群論には核が発生し（＋）は融合、（－）は分列となる。粒子と波動の二面性をもち、不変ではなく相互作用により相互に転換したり生成消滅する。属性と質量、電荷、スピンがあり、相互作用としてストレンジネス（奇妙さ）、パリティ（符号変化）などを持つ。素粒子は強い相互作用の[1] ハドロン族、弱い相互作用の[2] レプトン族、[3] 媒介のゲージ粒子の3種に分けられる。これらの背景には、波の干渉回折があるヤング（T.）（1773〜1839）イギリス、医師。の「波の干渉と回折」を発見した。乱視（光線の結像しない屈折異常）の原因だ。色覚・三色説を立てた。[1] 光。[2] 虹7色。[3] 等価刺激は白色。その延長だ。

　(193) スムート（G.E.）参照。(62) エリクソン（E.H.）自己満足8分節参照。

104. アルベーン　Alfvén（H.O.G.）
1908～1995。（1970（1/2））
スウェーデン。天文学者。1967年カリフォルニア大学教授。

　極地のオーロラの神秘から、太陽系、宇宙生成へ興味を転移。太陽黒点生成理論。電気伝導性流体が強磁場中を動くとき発生波動（アルベーン波）を解明。電磁流体力学やプラズマ（高温熱あるいは電気衝撃で正・負電荷（parity）の乖離気体（カイリ）の総称）物理学の基礎を開いた。これは核融合の開発に欠くことができないものと考えられている。雷鳴は人間が知る最大音響で、身体が反りかえる。電磁波作用であり、プラズマ効果だ。強裂で電波の一部となる。
　オーロラは動体の作曲・ダンス・スケートショー・動体照明等に転移できる。表現のしなやかさはpointだ。技術は正確に転軸は垂直だ。オートバイでカーブでは転軸は曲線となる。速度があるからだ。重力波という。（34）アインシュタインは変動する重力場が光速と同速で波として伝わるを波と分析し重力波とした。実体は遠心力も働き複雑である。種蒔器はこれらを転移、ミレー（1814～1875）は1848年「種まく人」は有名。
　これらは電子の動きによる包括帯と！　オーロラだ。デザイン意識の構成順となる。ガゥディ。シドニーオペラハウスも。デリタの分折も同様。（184）ギンツブルグ（V.L.）参照。
　（81）チェレンコフ（P.A.）は高速電子電粒子線を発見した。それをプラズマで実体は不明。電磁波の相互作用である。（133）ショーロー（A.L.）参照。（115）ライル（S.M.）は電波望遠鏡で約15億光年の彼方からの光だとする。これでは宇宙のアートだ。アート（art）とは「優雅・美しさ・気高さ」の感覚を伝えるひとつ、手段とするが一般的、宇宙分析も現代では不明が浮上した。

105. ネール　Neel（L.E.F.）

1904〜2000。フランス。（1970（2/2））

物理学者。1976年、グルノーブル大学教授。

　1936年、反強磁性（電気共鳴）の理論。1944年、磁区の理論。1948年、フェリ磁性の理論発表。磁性体は2種の磁性原子あり、磁気モーメント逆向きで等しくないときに現れる磁性と、大きさ等しく相互に打消し合い反強磁性となる。鉄ガーネットは強磁性を発生させる。固体物理学の理論的発表。コンピュータの記憶素子の改良などの応用面に貢献した。

　（104）アルベーンのプラズマ。（10）ベルグソンの共鳴は脳内共鳴で知覚となる。誰でも共鳴とショットはあるが、レベル差が難しい。意識力学である。（突部なですぐUP）。脳内で他人は不明、この論理は現れない。

　栗の外はイガで（−）。中は実で（＋）。変るか否か、[a] parityの空間座標、空間反転、弱い相互作用。good（＋）、bad（−）の並列。[b] 超伝導の限界で「ゼロ」、間を置いて復活・再生・還元の発生。[a]と[b]の並列が[c]「クォーク」と形を見せない。しかし誰でも自覚する症候群のひとつだ。

　バックシーンとなり、人間意識の「P・T・O」となる。その並置が天体となる。雲と気流は速度変る。高温実験は地上では不能。

　桃栗三年柿八年。干柿は保存食となる。

　（解剖）clitorisは発振体で、神経体核と共振。意識は認識と転移。

　（100）カストレルの光ポンピンの差延（デリダ）ともなる。

　意識変化は脳内の共鳴・共振で、波動数差の表示だ。端的に少数差は日常の快と不快。大数差は成功と失敗。共通は気力と基礎知識の有無となる。（133）ショーロー（A.L.）。（215）土井棟治朗参照。

106. ガボール　Gabor (D.)
1900～1979。(1971（単))
ハンガリー生。イギリス。電子物理学者。

　1933年、ドイツからイギリスに亡命。ロンドン大学に移り研究。
　エレクトロニクス（電子工学）は1947年発明。マイクロチップ（小型集積回路）は1962年に登場。
　1947年、水銀ランプで（の光で）「ホログラフィー（光波干渉の立体映像）」を研究。情報処理用。実験と理論を行い評価された。
　原理も多様で反転粒子。気体が振動を共鳴。伝導。解析。干渉。統合。統一。ポンピング。集積回路。保存と再生。磁性と反磁性。スケート等々。
　ホログラフィーは、位相のそろったレーザー光を使い、レンズなしで1枚の写真で立体像を撮影・再現する方法。被写体にレーザー光をあて、反射光に、光源からの投斜光の一群を鏡によって重ね合わせ、直接写真乾板に感光させる。脳内で電荷の配置換とまでは言えるが波動以外の映像不能。視覚限界。不確定性原理等。自然光では不可能な干渉が起こり写真には光の強弱だけでなく位相差も記録。被写体とは似もつかない明暗の縞（しま）模様を生じる。この写真をホログラムという。レーザー光をあて、反対則で、直射光が目に入らない位置から写真をのぞくと干渉で同じ光束が再現される被写体の虚像が三次元の立体として観察される。原理を発見し広範な用途が期待される。1963年成功した。医用に有効である。
　現実に新しいゲームと途上している。
　ルート（route）での光の重ね合わせ（207）アロシュ（S.）参照。

107. クーパー Cooper (L.N.)

1930 ～。アメリカ。（1972（1/3））

物理学者。

　1957年、イリノイ大学在籍中に（76）バーディーン（J.）（108）とシュリーファー（J.R.）とともに「BCS理論を提唱した。微視的理論。格子振動により生じる電子間の引力を超伝導（金属や合金の電気抵抗が、ある温度以下で急にゼロになる現象）の原因とした。格子振動（結合格子構成の原子が平衡位置付近で行う小振動）、格子配列を乱し、人体筋肉も格子構成で多様反応するが、部分不良で痛みと感知。整備とバンソウコウで修正する。電子の結晶内を移動する粒子と相互作用を起こして金属では電気抵抗の原因となる。（37）シーグバーン（K.M.G.）参照。

「クーパー対（つい）」の超伝導を説明するBCS理論の中心となる考え方。金属電子やフェルミ粒子で粒子間に引力が働くと粒子が対となりエネルギーの低い束縛状態となるの電子対。超伝導のBCS理論の端緒となった。（112）ジョセフソン効果（トンネル効果）は「クーパー対」が絶縁膜を通り抜けることで生じる。これがジョセフソン素子で、超高速低消費電力計算機等への応用が注目されている。リニアモーターカーなどの用途が開けた。（108）シュリーファー参照。

　（54）フェルミ（E.）参照。

108. シュリーファー　Schrieffer（J.R.）

1931～。(1972 (2/3))

アメリカ。物理学者。カルフォル大学教授。

　超電導とは、金属、ある種の金属酸化物が、数Kの極低温以下で電気抵抗がゼロになる現象。1911年、(26) カマーリング・オネス（C.）が水銀で発見。理論的解明は、1957年、「BCS理論」によって説明された。超伝導体に磁束は入れないが、地場を大きくしていくとある値以上を超えると、破壊されて一挙に常伝導に戻る。徐々に戻る（回復）のもある。自浄化＝生物化。

　具体的に超伝導とは、超電気伝導ともいう。「BCS理論」は、金属の電気抵抗がある温度以下で急にゼロになる現象。リニアモーターカー原理でもある。線路と車体車と別々に通電すると磁力で浮きスキマが発生。走ると500km／時間も加能だ。現在のモーター車では摩擦発生で350km／時間が限界となる。東京名古屋間に計画実施中である。また、超伝導材は人工骨にも利用されている。
(77) ブラッティン（W.H.）参照。

109. バーディーン　Bardeen（J.）

(76) 参照。(2回受賞した)

1908～1991。(1972 (3/3))

アメリカ。物理学者。1951年、イリノイ大学教授。

　1回目 (76) 1956年、トランジスタ発明で受賞、2回目の受賞は

「BCS理論」となる。「BCS」はBardeen・Cooper・Schrieffer の頭文字の並列。トランジスターは、ゲルマニウム、シリコン等の電気回路素子である。

　電気回路は、能動素子・受動素子・セットの回路素子と「P＋T＝O」となり、place・time・occasionと読み換えることができる。具体的に電源や増幅器のような電力の供給源を含む[1] 回路素子。[2] 電池、[3] 真空管、[4] トランジスター、[5] トンネルダイオードなどとなる。用途と材料、機能と効果で必要目的に対応されていく。電気と電子を回路別に設定され、組立と外部防御で専用化されていく。トラブル発生を前提に転移回路も重要。複数必要、点検で修理は不能、部品交換も常時自動化となり、自浄化されていく。つまり「生物化」となり、「物理物理学」となる。逆に人間も物体化し統計で判別されていく。

　多様性の抱懐は微細に崩壊しつつある。還元はあるかだ。(26) カマーリング・オネス参照。(149) デーメルト（H.G.）参照。
　(149) デーメルト（H.G.）の「ししおどし」の水を電子と入れ換えた微細と詳細がトランジスターと「BCS理論」に発展したのであり、職人技といえる。職人は3種、[(1)] 手元の動く、[(2)] 技術、[(3)] 統率とある。

110. 江崎玲於奈　えざき　れおな
1925～。(1973 (1/3))
日本。物理学者。

　1956年、ソニーの前身、東京通信工業在籍中、1957年トンネルダイオード（エザキダイオード）を発明。1960年、渡米しIBMワトソン中央研究所特別研究員。
　トンネル効果とは、量子力学で粒子の衝突などを扱う場合にしばしば現われるポテンシャル（potential）位置エネルギーは保存力場内に

ある質点の仕事をする能力を表わすが、保存力場そのものが潜在的にもつと考え（位置エネルギーを力場のポテンシャルという。）障壁があるとき、その最高値より小さい運動エネルギーしかもたない粒子でも、しみこんだり、障壁を通り抜けたりすることができるという現象。古典力学では説明できず、量子力学的な考慮が必要。原子核の α 崩壊（放射性核種が α 線を放出して自然崩壊する過程）エザキダイオード、(112) ジョセフソン効果（薄い絶縁体接合に起る超伝導現象）などはトンネル効果によって説明される。人間も親戚の誰かが結婚すると両家は親しくなる。政略結婚は太古からあった。1960年（197）南部陽一郎提唱の「自発的対称性の破れ」理論も「ヒッグス機構」、「超弦理論」の原点となる。ダイオードとは電気の一方通行、迅と遅とある。

　初期の自動車は初動に人間が押した。バッテリーとモーターが開発され搭載し自動化となった。現代はバッテリーの発展でポテンシャル（潜在能力）も変化。電気自動車（EV）と。「AI」・「IC」・「CD」も同様。(48) ディラック（P.A.M.）参照。アートも潜在効果となる。

111. ゲーバー Giaever (I.)

1929 〜。(1973 (2/3))

アメリカ。物理学者。技術者。

　1973年、トンネル効果の実験的研究。超伝導の理解深めた。素粒子の研究で。実例は車体を浮かして走る、リニアモーターカーで時速500kmの高速化。「邂逅は記憶を呼び覚ます」。記憶の「夢」エラン・ヴィタル（生動)」と、フランスの知的世界の中心人物、(10) ベルグゾン（1859 〜 1941）で直感主義の、創造的進化にほかならないと説いた。1927年、ノーベル賞文学賞。また、ドイツ生れのアメリカに移った精神分析学者（62）エリクソン（E.H.）（1902 〜 1994）は

「モラトリアム」（支払猶予期間）を意識に転移し、社会的責任を一時的に免除あるいは猶予されている青年期を浮上させた。(65) ウオルトン参照。端的に自己満足となる。

　人間意識も訓練できる装置化とする。法令で制御の時代は終了である。電子速で情報操作時代に会議で討論とは超伝導でも困難である。新しい時代に古い袋では納まらないのだ。人類は石器時代以来、用具の開発で発展したが、現代はその処理方法に困惑している。どうするかだ。道具は願望とあるが扱いで迅遅発生、分業の発生となった。

112. ジョセフソン　Josephson (B.D.)
1940 ～。(1973 (3/3))
イギリス。物理学者。1974年ケンブリッジ大学教授。

「ジョセフソン効果（薄い絶縁体を挟んでサンドイッチ構造にした超伝導における電子対ののトンネル効果。量子力学の特有現象。
　1962年、ジェーバー（1929 ～）の超伝導体のトンネル効果を発見を知り、理論的に予言。実験により証明された。大学院生で22才のとき理論的に見出した。(48) ディラック（P.A.M.）参照。
　順方向領域に負性抵抗特性をもつ接合型ダイオード。(110) 江崎玲於奈の1957年発明。順方向電圧増加が電流が減小するという、負性抵抗領域が現われるとする。さらに電圧高めると、nとp領域の伝導帯が等しくなり、通常のダイオードと同様の拡散電流が流れるので、負性抵抗領域は消滅する。エザキダイオードをバイアス（一定の電流を与える）にして共振回路を接続すると負性抵抗からエネルギーが供給されて発振する。トンネル効果は時間的に速いので高速スイッチと応用。電圧電流特性。トンネル効果。ポテンシャル障壁（近距離で引力・遠距離で斥力の働き。）ある時、中にしみこんだり、障壁を通り

抜けたりする現象。古典力学では説明できず、量子力学で判明した。潜在現象の応用。トンネル電流効果。浸透現象の応用。

　超伝導体の自浄化をセットし、生物化促進である。現代技術は自動化の自動と物理物理学とし、人間生物は逆に統計で数値の転位を目指す。

V

現代後期

※ 113. デリダ Derrida（J.）
1930～2004。
フランス。哲学者。

　意識の心の働きを動体化と電子論的に分析した。（11）デューイ（J）は、意識を「プラグマティズム」（道具主義）と機能心理学ととらえたのに対応し、デリダは「現前性の形而上学」の解体で「脱構築」とした。声＝音声言語（パロール）が意識の始原性と一致すると考える、ロゴス中心主義と結びついた音声中心主義の克服である。物理的には電磁波の共鳴となり、自動車の排気音を強調すると野生のライオンは昂奮し吠(ほ)える、遺伝子共振となる。「差延(さえん)」という造語と再構築とした。交差点の信号待より技術でバイパスの有効化。エレクトロニクス（電子機器）の理論的な集積回路「IC」となる。記憶と命令を集積回路と設定しコンピューターの簡略化は（67）ノイマンの発想。哲学を「脱構築・デコンストラクション」と電子速の現代に転移した。

　時間の凝縮と時代は変化し続ける。「AI」（人工知能）の扱いで社会は揺れている。「媒介」であり、これの該当する英語はなく、日本語で多様と変化に富むのである。生花や陶芸・盆栽でもあり、物体・客体（オブジェ・objet（フランス）で「明示された」となる。

　これを動体（主体・subject）「現実と明示しつつある」と転移が現実だ。フランスを地図では、イギリス・ドイツ・イタリア・スペインで囲われた位置で、注意を確実にしないと何処かに攻められる。主体を強固と羨(う)やむ美で差異の構成は磐石とみられたが、1789～99年のフランス革命で共和制の発生、その後に独裁もあり、帝政に転移した。社会・人間・事物の根本原理は何かと吟味され、goodとbadの循環因子は何かと追求された。判ったのは、環境に適応は残り、不適消滅である。「地球は回っていると仮定すると便利だ」。「科学は真実に関

与せず、便宜に関与する」。「実験哲学」だ。「科学は真実を述べる為の簡易な方法にすぎない」。「アイデアと概念や、感覚の証拠だ」。「世界は事実の総体であり、物の総体ではない」。「我々は出来事を構築する、関係という」。「語り得ぬものについては、黙っているべきだ」。「真と善と美を見つめる」。「科学とは情報を集めて、最も簡便なやり方を蓄える」。「出来事も結果が一本の糸になることはない」。類似は稲光（いなびかり）。鳴戸の潮流と波巻の共振（いびきも同原理）で太くはなる等々の発言があり、哲学も現代へ向かうことになる。明智の希求は終点は無いからだ。（207）アロシュ（S.）参照。

集積すると「自分ならこうする」が現代のアートとなる。

114. ヒューウィッシュ Hewish（A.）

1924〜。（1974（1/2））イギリス。

電波天文学者。1971年ケンブリッジ大学教授。

1967年パルサーを発見。（158）ハルス（R.A.）1974年。パルサー群を発見）。弟子の院生といっしょに発見。（パルス（pulse）短時間だけに生じる振動現象。0.03〜数秒の値をもつ一定周期でパルス状の電波を放射する天体。銀河系内に600個以上、かに星雲の中心にあるパルサーはパルス電波と同期する可視光線、紫外線、X線、γ線である。強い磁場をもつ回転の中性子星だ。アメリカ航空宇宙局NASAのX線観測衛星が撮影したので確認された。太陽からの距離が100〜10万光年の距離にあるかに星雲内のパルサーは有名でX線でパルスを出すのは中性子星とふつうの星からなる近接連星系である。接近連星（close binary）とは、連星のうち、2つの星の距離が太陽半径の数百倍より近い距離のものをいう。2つの星がこれほど接近すると、星が膨張したときに質量のやり取りが発生し、単独星とは全く違う進化

となる。一部の天体は白色矮星や中性子星を一員とする近接連星で、中性子星は光速自転。直径14kmで超新星爆発の残り。人間社会と類似だ。これらが重力でつぶれてブラックホールとなる。

115. ライル　Ryle (S.M.)
1918～1984。(1974 (2/2)) イギリス。
天文学者。ケンブリッジ大学教授。1972年グリニッジ天文台長。

2次大戦時中のレーダ研究を生かして、戦後は電波望遠鏡の設計、製作。太陽系内外にとどまらず、遠く銀河系外に存在する電波源の組織的観測を指揮した。電波望遠鏡は天体からくる電波の強度、スペクトルを測定装置。

クエーサー（quasar）を発見。赤方偏移から約15億光年の彼方にあると思われるが、明るさは13等で、通常の銀河の100倍のエネルギーを放射している。数は約3000個。電波強度は数日から数年の間に倍以上変化することがあり、その大きさは数光年以下と推定される。そのエネルギーは何によってまかなわれているかは不明である。われわれからその天体までの距離が確かでないのが問題である。遠方であるのに明るく見えるのは多量を狭い領域で放出と示す。それを説明するためブラックホールやホワイトホール説など登場したが、いずれも成功してない。クエーサーの問題を解決することは現代天文学の最重要課題でもある。「3Cカタログ」作成（三つのC（クエーサー）結合カタログ）。(104) アルベーン（H.O.G.）参照。

電波望遠鏡は大型のパラボラアンテナ（φ11mのものもある）で弱い電波をテープに記録し、コンピュータで線スペクトルを観測する。

116. ボーア　Bohr(A.N.)

1922～2009。(1975(1/3))(35)(Bohr(N.H.D.) 1885～1962の息子)。
デンマーク。

物理学者。1940年、父と共に原爆開発に従事。

---

(118)レインウォーター(L.J.)の「原子核の集団運動の理論」に触発され、(117)モッテルソン(B.P.)とともに、「原子核の集団運動理論」を完成。核子の運動が原子核を変形させることを実験で確認。これで球形であることを覆した。核融合に重要な一歩となった。

117. モッテルソン　Motteson(B.R.)

1926～。(1975(2/3))

アメリカ生れ、デンマーク。物理学者。研究所教授。

---

(116)ボーア(A.N.)とともに、原子核の集団運動理論を完成。集団模型を提唱、発展させた。

(1)ピタゴラス以来、意識は現象の分析を進化させた。何故か、どうしてがすべてだった。それが、1938年、「連続群論」、1956年「最適過程の数学的理論」と群論を分析したのが(83)ポントリャーギンである。14才で爆発事故で失明、生涯、14才時の意識で数学を研究した。夢で情景を追求したことになる。第3者は自分との比較で事物を判断するが、常に最適とはを追求した人であり、フィルタリングである。この意識は北国的発想となる。拮抗・群論・相補のセットも同様、現場的発想で段取りという。相補曲線は最適追求となる。住宅でも床の間があった日本は精神性の象徴でもあったが消滅した。床の間

を造るには材料、道具、意識も特製。まず利用者の意識尊重から始まる。正面の変化は普通、斜面意識は重要。これに気付く人は少い。存在とはそういうことになる。(99) ファインマン（R.P.）は群論で成功した。普通は用途不明でも、あるとき「そうか」と気付くことだ。知の成果であり、哲学では愛の価値となる。フィロソフィーはギリシア語。

118. レインウォーター　Rainwater (L.J.)
（1974 (3/3)）
1917～1986。アメリカ。実験物理学者。
1949年コロンビア大学教授。

　原子核の集団運動とは、原子核の体積は質量数に比例するので原子核を陽子と中性子が密集して結合した密度一定の流体とする模型を考え、原子核中で陽子と中性子は非圧縮性の流体のような集団的な運動をするとみなした。集団運動によって原子核の変形が周期的に起ることが可能となるので、振動の励起準位を生じるのが、実験的にも見出されている。一般に重い原子核の構造に関し有効な概念である。これが「強い相互作用」となり、人間の遺伝子に転移できる。
　真理を具体的な経験によって求めようとする立場を実験主義という。実験体と無変化体を並列し写真に撮影は証拠となる。物理学では意識を認識と具体化は「思考実験」という。
　(46) ハイゼンベルク（W.K.）が不確定性原理を説明した、ガンマ線による粒子の位置測定の実験は有名である。γ線とは、X線よりさらに短波長の電磁波。(46) ハイゼンベルク（W.K.）参照。
　ガウディ（1852～1926）のザグラダ・ファミリア教会（1926～）は空間構成を原子核中で陽子と中性子の流体の集団的な運動と転移し

た。原子核研究の科学的社会を空間認識化である。

119. ティン　Ting (S.C.C.) (Ting Sand Chao Chung.)
（1976 (1/2)）

1936～。中国人両親のアメリカ。物理学者。

アメリカ留学。マサチューセッツ工科大学教授。

　1974年、(120) リヒター（B.）とは独立に新粒子発見は「Ｊ粒子」と命名。従来の素粒子論で3種に加え第4種の粒子を示唆。クォークの時代創始。

　これを発展させたのが（196）・（198）の小林誠・益川敏英となる。

　変化とは、ある平衡状態から別の平衡状態への移行である。転移とは場所が他に移ること。転化とはある状態が別の状態に移り変わること。場所（place）、移る時間（time）、環境が整った好機（occasion）の「Ｐ・Ｔ・Ｏ」とある。(113) デリダ（J.）参照。現代は電子工学（エレクトロニクス）の発達で時間を凝縮（電子速は光速と同様、1秒間に30万km（地球周囲7.5回転）の速さ）で処理されるから「アッ」という間である。そのため、背景の基礎知識必要。相補曲線の登場となった。理由を知ることができる。納得だ。不明も判別可能、これが難しい。意識の欠点となり迷路を作る。迷路には迷路の判別で騒然社会でもあり、正誤なし、優劣はある。

120. リヒター　Richter (B.)

1931～。(1976 (2/2)) アメリカ。

物理学者。フォード大学教授。

1974年、線形加速器で、新粒子（ψ粒子〈プサイ〉）発見。4番目のクォーク（チャーム）の存在を示す。陽電子と電子の消滅過程研究。チャームクォーク（クォーク）と反粒子からなる新粒子とした。(119) ティン(S.C.C.) らも同粒子を発見。「J粒子〈ジェー〉」と名づけた。「j/ψ（ジェー・プサイ）粒子とよばれる。

話も順序どうりと構成。ラスト（クォーク）時代創始。

理想は常設と最終の双設。不確定性 (46) ハイゼンベルク。順序に逆えない本能だ。全体性である。常時とラスト。この差は社会に多い。人間社会の双体性〈相対性〉。共鳴〈151) ラムゼ共鳴〉。

具体的に環境に適応残、不適消滅。物理性だ！　実行は同時にひとつだけ。これが量子力学の原理、連日の晴天は希望でも雨水も植物用と必要。

その環境に合意は毎日晴天好む？　子供のためにも願望と現実の差は存在する。そのため（好機・反応）occasion も必要。

(62) のエリクソン〈発達段階性と自己満足〉と (6) のマルクス〈本能主義〉となる。

---

121. アンダーソン　Anderson (P.W.)

1923～。(1977 (1/3))

アメリカ。物理学者。

---

(122) ハンブレック (J.H.) に師事。(123) モット (S.N.) ともに協

同研究。結晶でない物質（無秩序系）の電子の挙動を明らかにした。
　（109）バーディーンのBCS理論を拡張し、超伝導体不純物効果。非結晶半導体開発に巧献した。
　結晶とは原子、分子、イオンが規則正しく配列固体。7種の結晶系あるが、それ以外の波状、格子状などの配列もある。（123）モット(S.N.)と協同研究。磁性や超伝導など固体物理を研究。固体の常磁性、反強磁性、マイクロ波等の動態のスペクトル線（波長順）を波長差による分解である。分光器で分光学は現在の量子力学の発展の基礎となった。連続・線・帯スペクトルなどに分類できる。固体から動体への移行となり、吸収・発散等の展開と転移する。主観と客観。哲学と実行。指導と従属だ。「$E = mc^2$」であり、どちらも人間の実行はただひとつ。そこで考えだされたのが複合体と統一の量子力学と、分子生物学で相補曲線となる。（215）土井棟治朗参照。

122. バンブレック　Van Vleck (J.H.)
1899～1980。（1977（2/3））
アメリカ。物理学者。ハーバード大学名誉教授。

　1930年。原子・分子の量子論、常磁性。反強磁性、マイクロ波についての研究は、量子化学等の発展に貢献した。磁気モーメント。（69）ブロッホ参照。磁気は見えない。磁性は物質がもつ磁気的特性。物質自身が磁石となりうるものは、強磁性体と呼ぶ。磁石を近づけたとき、磁力の方向と平行な磁化を性じる性質を常磁性、反対方向に磁化する性質を反磁性という。磁性は原子を構成する電子、原子核の磁気モーメントによって特徴づけられる。磁気には真磁荷（磁気単極）がないため、正負の等量の磁気量が対となった双極子が磁気の基本になる。荷電粒子が自転や閉軌道回転時に閉じた電流をつくり、まわり

に磁場を生るのは磁気双極子によるもの考えることができる。1930年代の「分子場（リガンド）理論は今日でも化学結合のパターンを理解に有力な方法となっている。電子間と性質の解明の実績。人間の神経作用も磁気モーメントと転移し弱電の振動から作用をグラフに統計化の表示は多くの利用がある。焦点の転移はピタゴラスの意識転移で新応力（図形）の発生と抽出できる。黄金比だ。

さらに「AI」で統計も進み信疑のスケールも小機械化されてきた。準粒子体である。「IC」「CD」も準粒子体と転移すると判り易い。

化合物中の化学結合パターン理解に巧献した。（170）シュテルマー（H.L.）参照。

化学反応は、燃焼過程と一緒で原子や分子内の電荷の配置換えなのである。大型は電磁力のリニアモーターカーとなる。（149）デーメルト（H.G.）参照。そこで問題は「AI」・「IC」・「CD」の反粒子はあるかとなる。

123. モット　Mott (S.N.)
1905～1996。（1977 (3/3)）
イギリス。現論物理学者。1971年、ケンブリッジ大学教授。

非晶質体（金属・半導体・写真乾板などの電気伝導の研究）（123）モットの転移」（温度や圧力を変化させることで生じる絶縁体状態と、金属状との間。相転移で電子間相関である転移。たとへば圧力で結晶の格子間隔が狭くなり電子が移動しやすくなるため相転移（協力現象）水蒸気から水、水から氷への転移。二次は合金の（秩序無秩序転移）と融合など。「変化（change）の理論性。
1）転位・（化学）分子内で原子や原子団が結合位置変え。
2）転位・（物理）結晶の転位線すべり有無の境界転位。

3）転移・心理分析である対象から別対象への機制。
4）転移・医学で原発巣から他場所への移行。法則。
5）転移・物理の相転移。(155) ドジャンヌ参照。

　建物内の人間行動を電気伝導に転移すると（123）「モットの転移」は参考になる。変化とはある平衡状態から別の平衡状態への移行。環境に適応は残り、不適消滅となる。これも変化。

　位相（数）topology・近づくか否かの設定。場所(P)・時間(T)・好機(O)。
（理）phase・局面・段階。
（言）地域・男女・話し言葉と書き言葉の違い。(社会性)。

124. ウイルソン (R.W.)

1936～。(1978 (1/3))。アメリカ。

電波天文学者。1976年ベル電話研究所無線物理研究部部長。

　1964年（126）ペンジアス（A.A.）とともに宇宙通信のためのアンテナ開発中に、宇宙空間からやってくる微弱なマイクロ波（電磁波・30cm～1mm以下波型。）をとらえた。この電波は、宇宙の初めに大爆発があった名残りとして、現在の宇宙全体に「3K」ほどのぬくもりに相当する電波が飛びかっていると仮定する「ビッグバン説」。(205) バールムッター参照）の証明と発見だった。

ビッグバン説。　（192）マザー。(I.C.) 探査衛星でマイクロ波（宇宙背景放射から温度測定。）
　　　　　　　（205）パールムッター。超新星観測で予想より暗いは遠ざかってる。
　　　　　　　（他）ガモフ。原子核物理を天体に転移、元素起元＝宇宙起元に転移。
　　　　　　　（114）ヒューウィッシュ。パルサー（定周期放射電

波)。
　　（他）ハッブル。膨張論。
　　（34）アインシュタイン。一般相対性理論。
　　（126）ペンジアス（A.A.）マイクロ波検出。
　　（124）ウィルソン（R.W.）マイクロ波で証明。
　これからもいろいろと発生すると考えられる。

125. カピッツァ　Kapitsa (P.L.)
(1894～1984)。(1978 (2/3))
ロシア。物理学者。

　1934年、(125)「カピッツア方式」のヘリウム液化装置発明。極低温物理学の実験基礎をつくった。原爆開発を拒み、スターリンの死後まで自宅軟禁した。
　1954年、水・氷・水蒸気（三重点）の熱力学的温度を「1/273.16」と国際的に決定された。
　「$E = mc^2$」は、複合体の統一。エネルギーだ。現実は気相・液相・固相の三角形態。この同時共存は「熱平衡」であり、熱は分子・原子の運動体である。これは移動がなく、かつ相変化もしないときの物体系は「熱平衡」にあるとなる。各物体の温度は等しい。一般に孤立した系は十分に長く放置すると必ず熱平衡の状態になる。三重点の温度を「273.16K」と国際単位とした。水の三重点のセ氏温度は「0.01℃」であるから、絶対温度は「t + 273.15」で与えられる。

126. ペンジアス　Penzias (A.A.)

1933～。(1978 (3/3))

ドイツ系アメリカ。電子工学者。

ベル研究所、1961年所長。

「ビッグバン説」の発見である。1964年。それまで理論であった仮設に証拠と通信電波の測定中に雑音の中から、(124) ウィルソン (K.G.) と共に微弱なマイクロはを検出した。発見とは何か？、何故かの延長線上にあり、基礎知識がないと見過ごす。宇宙原理はどこも一様で、我々の近傍と同じであるとする。星や銀河と超銀河団も階層構造で、宇宙そのものに中心とか端とか区別はなく、どこを取っても同じだという考え。多くの宇宙論、我々の思考も同様、この宇宙原理を基礎としている。論理仮定し実験で認識、計算で確認となる。宇宙も巨大な実験室とみなす。ビッグバン（大爆発）は約150億年前に発生の名残りの電波であると解釈し、この発見で進化論的宇宙論が確立した。現在はアメリカ航空宇宙局NASAの観測衛星で、宇宙には「ニュートリノ」が充満していることも予言され、初期宇宙の痕跡が発見されると考えられている。現代は「ダークマター」が浮上した。

127. グラショー　Glashow (S.L.)

1932～。(1979 (1/3))。

物理学者。ハーバード大学教授。

　1950年、物質の素粒子論で究極的単位の3種のクォーク粒子のほかに第4種の「チャーム」クォークがあると予言、(129)「ワインバー

グ＝サラムの理論」を補完する形で、弱い相互作用の本質的解明に貢献した。現在まで、クォークは6種ある。クォークは直ちに中間子（中性子とは異なる）などに転化し、単独の粒子としては存在しないと考えられる。クォークは存在するが、外には出ない。クォークの閉じ込めという。1994年、6種類のうち、トップクォークのみが実験で確認された。

クォークの結合が「強い相互作用」の因子とされている。

基本的な力は、[1]強核力。[2]電磁力。[3]弱い核力。[4]重力（引力）となる。(153)テーラー（R.E.）参照。(91)イェンゼン（J.H.D.）参照。

---

128. サラム　Salam（A.）

1926〜1996。(1979 (2/3))　パキスタン。

理論物理学者。1964年。イタリア・トリエステ
国際理論物理学研究所所長。

（129）ワインバーグ（S.）とは独立に電磁場理論を拡張して電磁相互作用と弱い相互作用を統一す理論提唱。「ワインバーグ＝サラムの理論」として知られている。

素粒子の生滅を取り入れることによって量子力学の限界をのりこえた場の量子論は超多時間理論や「くりこみ理論」によって一応の完成をみたが、中間子（中性子と別）やβ崩壊については十分説明できず、(63)湯川秀樹の非局所場理論や素領域理論が試みられている。素粒子の本質については、一つの（原物質）からすべての素粒子を導出しようとする(46)ハイゼンベルクの理論。すべての素粒子を中性子・陽子・それらの反粒子との複合と説明する坂田模型（1955年）、基本、粒子として他の粒子を加え(103)「ゲル・マンの八道説。(166)チューの数学的解析理論などが提案された。四つの相互作用を統一す

る「超重力理論も活発である。

129. ワインバーグ Weinberg (S.)

1933 〜。(1979 (3/3))

アメリカ。物理学者。1982年、テキサス大学教授。

1968年（128）サラム（A.）とは独立に、「電磁相互作用と弱い相互作用」の統一理論を提唱した。「ワインバーク＝サラムの理論」となる。統一理論の発展に寄与した。

（127）グラショー（S.L.）は第4クォークの予言。　（place）
（128）サラム（A.）は拡張理論。　　　　　　　　　（time）
（129）ワインバーグは大統一理論。　　　　　　　　（occasion）
　と未来を見つめている。
　なぜ統一を目指すのか、量子力学は一度に一つ実行だから重層し多数の対称を実行で転移とする。

130. クローニン Cronin (J.W.)

1931 〜。アメリカ。(1980 (1/2))

物理学者。1971年、シカゴ大学教授。

1964年（131）フイッチ（V.L.）らと共同で、中性K中間子の抱懐のパリティ（空間反転）の対称性が破れを発見。これは「時間反転に対して不変性の破れを示す」となる。

自由な「中性子」は不安定で平均寿命15分で崩壊し電子と反電子ニュートリノを放出し陽子に転換する。この過程が原子核内で発生が放射性元素のβ崩壊と詳細が判った。

　中間子は強い相互作用をする素粒子総称。クォークと反クォークからできていて複合粒子。ストレンジクォーク（S）を含む「K中間子」の励起状態。共鳴量子ともいう。原子核の中で陽子と中性子を結合するβ崩壊を媒介する。宇宙線の霧箱写真から発見された。1937年

　（121）アンダーソンの発見。レプトン（6種数ある）の一種。

131. フィッチ　Fitch（V.L.）

1923～2015。（1980（2/2））

アメリカ。物理学者。1960、プリンストン大学教授。

　1964年、クローニン（J.W.）らと共同で、大型加速器中で形成された中性K中間子の抱懐を精密に測定し、中性K中間子（K-meson）には速く崩壊する短寿命のものと長寿命の2種あること、さらに両者がともに2個のπ(パイ)中間子に崩壊を発見した。この素粒子反応は「荷電共役変換および空間反転（parity）に対する不変性、換言で時間反転に対する不変性（cp対称性）（cはクォーク、pはパリティーの意味。）が破れることを意味する。これが評価された。この短と長の2種とは、自然界には、左右非対称が存在する証拠。2個のπ中間子に崩壊は、物質世界と反物質世界とを絶対的に区別する実験手段（確認）を与えてくれる。変化とは別の平衡状態への移行の具体化（意識性）。変化とは別の量子力学的への転移（物理性）。両方に共通は環境に適応は残、不適消滅。電子と光子は交換できる。（99）ファインマン（R.P.）。転移の代表は[1] parityの符号の変化。[2] 超電等の発生と還元の双方存在。

[3)] クォークのハドロン（強い相互作用する素粒子総称。）構成要素となる。P・T・Oだ。

132. シーグバーン　Siegbahn (K.M.B.)

1918～2007。(1981 (1/3))

スウェーデン。物理学者。(37) シーグバーン (K.M.G.) の息子。1954年。ウプサラ大学教授。

1950年から原子核実験における粒子線エネルギー分析器改良。

1960年代には光電子のエネルギー分布を高精度で調べる方法を確立し、各元素に特有な原子の電子エネルギー準位の決定を可能にした。この「電子分光法」は1970年代には化学分折の手段として世界中に使われるようになり、大気汚染物質や固定触媒の表面状態の分折などにも活用された。(37) シーグバーン (K.M.G.) は真空分光器で客観、明示された。(132) シーグバーン (K.M.B.) は電子分光法で主観、現実と明示しつつある。意識と認識に転移できる。

133. ショーロー　Schawlon (A.L.)

1921～1999。(1981 (2/3))

アメリカ。物理学者。1960年、スタンフォード大学教授。

物質と電磁波の相互作用の分光分折に貢献。特にレーザーを利用することで、光の反射・収収スペクトルが原子や分子運動による「ドップラー効果（救急車のサイレン音は近ずくと強く聞え、離れるときは

弱く聞える）のために広くなってしまう現象を避けられることを初めて明らかにし、高分解能分光学の分野に寄与をした。(94) タウンズ参照。

　分光分析とは、分光器によって発光および吸収スペクトル（光や電磁波を分光装置で波長の違いに従って分解し、波長の順に並べたもの）線スペクトル、帯スペクトル、連続スペクトル、吸収スペクトル等に分けられる。

　スペクトルとは波長順であるが、複雑な組成物を単純成分に解し、質量や強度の規則的に配列したものに転移にも応用される。多くの原理・現象はスペクトル・spectrre・フランス）を壮大・壮観。映画・演劇の見せ場等。哲学的だ。日本人にこの意識はない。流木拾文化の欠点となる。意識構成に現れ論理性と情緒性だ。自穴堀と流木拾いの違いで環境に支配される。日本人は「美しい」と単純、傾向（trend）。欧米人は優雅・上品で美しいと主観の認識を動詞のあとに添付する。

---

134. ブルームバーゲン　Bloenbergen (N.)
　　(1981 (3/3))
　　1920 〜。オランダ生。アメリカ。物理学者。ハーバード大学教授。

　メーザーからレーザーを開発した。
　メーザーは、物質と電磁波との相互作用で誘導放出を利用のマイクロ波（電波と無線通信用の電磁波）の増幅、発振を行わせる装置。(95) バーソフ参照

　　microwave
　　amplification by
　　stimulated
　　emission of

radiation（誘導放出によるマイクロ波増幅の頭文字をとったもの「maser」である。増幅系を共振器の中にし、出力を共振器にフィードバックしてやると発振させることができる。

　レーザーの名は「laser」である。

light

amplification by

stimulated

emission of

radiation（誘導放出による光の増幅）の略。

　原子や分子を高いエネルギー準位にあげるには、強い光や電子線をあてて励起する。直接や間接で、気体では放電励起。発振は共振器。レーザー光（干渉可能な光）は位相がそろい干渉性のよいコヒーレントな光。（1960年実現）応用は眼科手術、精密加工、核融合、兵器（俗に殺人光線は禁止）などである。気体レーザーはネオン管で発光させてる。発振器の有効使用は色彩に転移で動画体も可能である。

　地層や地形変化も、地球上は巨大、複雑、多時間の続体は想定できず、地図や座標であるが、現実は常時動体であることだ。短命な人間には小島や列島も一体であったが、台地や大陸でも物理体で固定はありえず、地球は回転しているからだ。停止を基準とする。位相（toplogy）の設定から構成と、その近傍を論じうると仮定される。その因子は熱であること、光であり光子と考えられる。夜空を星座を観て太古から続いてる事例となる。（98）朝永振一郎（くりこみ論）、（110）江崎玲於奈（トンネル論）、（197）南部陽郎の（自発的対称性の破れ論）と動体論の発生も光子的である。

　高温実験は地上では不能であるから何かに転移する。

　人間の意識も少し見るはメーザーで注意はレーザーで注意力となる。（76）バーディーン参照。

　具体的にアルミ鍋に水を入れ加熱すると、底に水から分離の気泡が現われる、酸素で軽いから浮上する。（87）グレーザー（D.A.）は、1952年泡箱をつくった。（32）シュタルク（J.）参照。

厳密に地表も地球自転で停止せず存在しないが地球上なら相対的な変化を意識から移動変化を実務化する。地動説だ。天体物理学では「天動現象」と測定単位も多様化する。(157) テーラー (J.H.Jr.) 参照。

135. ウィルソン　Wilson (K.G.)
1936〜。アメリカ。(1982 (単))
物理学者。1988年、オハイオ州立大学教授。

ウィルソン3名　(41) ウィルソン (C.T.R.) 1869〜1959。気象学者。
　　　　　　　(124) ウィルソン (R.W.) 1936〜。) 電波天文学者。
　　　　　　　(135) ウィルソン (K.G.) 1936〜2013) 相転移。

　相転移は相変化ともいう。1つの相から他の相へ移る現象。一次相転移と二次相転移とある。一次の例は水蒸気から水、水から氷への転移。二次は磁性体の常磁性が強磁性転移。合金の秩序無秩序転移、液体ヘリウム入点の正常流体から超流動転移などがある。物質の二次相転移は決まった圧力や温度で起るが一次と違い温度（臨界点）になった瞬間物質全体で一斉に起こる。ある金属は（鉄で750℃）で磁性は消失。(135) ウィルソン (K.G.) の研究は臨界点近くの状態に適用する理論の数学的戦略を提唱したものである。位相（いそう）の物理学ではpnase（フェーズ）の訳語。局面、段階。数学ではtopologyの訳語で位相は抽象空間の構造。国語学では言語の主体や場面（男女・年令・公や私的）の違いで現れ方となる。主義・主張も相転移で背景や環境の差で現れる。

　(13) キュリー温度。鉄で750℃まで熱せられる。磁性消失。ある限界の数値化。
　変化とは、ある平衡状態から別の平衡状態へと移行する過程を「変化 (change)」というならば、われわれはそれに流されるのではなく、

行き着く先の平衡状態に対して自覚的でありたい。
　物理学では、量子物理学と多数の状況の中から、人間が実行できるのは、ただ一つだけであり、同時に複数は不能とする。そのために拮抗・群論・相補の重要性が浮上する。日本語母音は「ア・イ・ウ・エ・オ」となる。意識強調と目をつむると、集中力は強調できるが方向性は不明だ。夢は心的現象として視覚像と現れる。「邂逅は記憶を呼び覚ます」とフランスの哲学者（10）ベルグソン（H.L.）1859～1941は「エラン・ビタール（élan Vital）と「創造的進化」の一元的直感主義と無機物・植物・動物・精神存在の位階原理と復活させた。1927年ノーベル文学賞を得た。「AI」「IC」「CD」も相転移となる。
　（135）ウイルソン（K.G.）は相転移（ptase transition）と最適化理論となる。社会に有効は創造。過剰は中毒。接点は「P・T・O」で変化する。正誤はなく、優劣は有る。現代は群症状と症候群も多い。

136. チャンドラセカール　Chandrasekhar (S.)
（1983（1/2））
1910～1995。インド生アメリカ。天体物理学者。

（45）「1930（単）」。ラマン（S.C.V.）の甥。1944年シカゴ大学教授。
　恒星を取り巻く気体、恒星内部構造、恒星系の力学等を理論的に研究、チャンドラセールの限界（太陽の質量の約1.4倍）以下の恒星は進化の最後に白色矮星（はくしょくわいせい）になるが、それより大きい恒星はその前に大爆発で余分の質量をふきとばす（超新星）という説を提唱。「仏教的分析と判別でスケールが大きい。発見・発明・明確・確実・証拠・証明・事実・理由・根拠等とあるが端的に変化となる。物理的には転移となり消滅はありえない。中性子星・スピンずれ・ブラックホールとなる

1930年代前半に、天体内部の水素がすべてヘリウムに変ったのち、（ヘリウムは水素について軽い。化合物をつくらない）天体（宇宙にある星や星雲、星団、銀河、銀河団など。地球大気は省く、流星は大気内の現象であるが、起源が大気圏外なので天体に含める。人工惑星、地球自体も天文学的にみれば天体である）

　太陽の1.44倍以上の質量（重い）は白色矮星にならず収縮を続け、超新星爆発で中性子星になると予測した。チャンドラセールの限界という。白色矮星の限界質量となる。太陽質量の約1.4倍。白色矮星は自己重力を電子の縮退圧で支えている。しかしその圧力が増加し無限大となると自重を支えきれず、さらに進化する。(45)ラマン参照。内部は高温で原子核反応が起り、中性子星か、質量放出し限界以下の「白色矮星」になる。

　原子核恒星の中性粒子（ニュートロン）の示唆論だ。宇宙全体を恒星系と原子粒子との並置・統一論だ。つまり星やその動体（系）は粒子集団と増加、波動体は（＋）と（－）の相互運動で消滅し最初の破紋（諸原理）だけ見える。地球上現象もその一つ。宇宙現象も同様、パイコネ現象（パイを作るとき粉をこねるは最初から最後まで同じ、変化となるのは中味だけ。1/2だけとなる。正誤なし優劣あり環境となる。

　中性子論。1967年（114）ヒューウィッシュがパルサーを発見。高速自転の中性子星と確認。星雲中の中性子星だ。電波・X線・可視光でも点滅観測OK。φ14kmで太陽全質量。星の進化最終体で超新星爆発で吹きとぶが中心に中性子星は残り高自転体。強磁場、軸と（スピン）転軸のずれから電子放出し可視光でも判る。重力大はブラックホールになる（暗実物体・光ナシ）。

137. ファウラー Fowler (W.)

1911〜1995。(1983 (2/2))

アメリカ。天体核物理学者。1946年カリフォルニア工科大学教授。

　1950年代に、星の進化（恒星進化）・恒星は、太陽と同様の高温ガス球。水素をヘリウムに変えることから得ている。中心部で原子核反応を起しており、生じた熱を外部に放出することによって輝いている。巨大な自己重力は、高温ガスおよび放射の圧力によって支えられており、力学的に安定な状態にある。星間物質（宇宙空間の希薄は物質。星間は完全物なし真空でなく小量のチリ粒子が存在する）が集って星ができる。中心部で水素4個をヘリウム1個に変える核反応が行われ、主系列と呼ばれる安定な状態に落ちつく。中心部の水素が尽き、ヘリウムがたまりだすと、ヘリウム核の表面で水素が燃焼する。中心部の温度が上昇するため、星は膨張しだし、光度が大きく表面温度の低い赤色巨星（表面5000℃以下の量の特に明るい星をいう）に進化する。星の質が大きいほど、進化の速度は速い。太陽の15倍の質量をもつ星は、太陽より一万倍明るく、進化の速度は670倍速い。質量が太陽の1.4倍（136）チャンドラセカールの限界以下の星は、重力を電子の縮退圧で支え、白色矮星になる。核反応はそれ以上進まず進化は終る。しかし、質量がそれ以上の星は、ヘリウムを炭素に変えたり、さらに原子番号の大きい元素をつくる核反応を起し、最後に鉄をつくる。質量が太陽の3.5倍以下の星は、赤色巨星の時代、宇宙空間に質量を放出し、白色矮星になる。それ以上の質量をもつ星は、鉄の中心核ができたのち、超新星爆発を起す。星の外層は吹き飛び彗星となる。あとに中性子星が残る。このとき、中性子星がその限界質量（太陽の約3倍）よりも大きいとブラックホール（中性子性より高密度の星で中部で光さえも強大重力を逃れられない黒体。）になると思われている。星の進化は「ヘルツスプリング＝ラッセル図上（横軸に星の表面温度。

縦軸に絶対光度上恒星位置づけ図表）で追うことができる。また、折接連星系では、2つの星が進化の途上で互いに質量を交換し、複雑な進化をする。地球は太陽をφ1mとすると9mmのパチンコ玉。太陽の1/110位。

　超新星爆発理論を1950年代に提唱した。クエーサー（恒星に近い形状）を示すが、大きな赤色偏移を示す輝線スペクトルの天体論など。現在発見は約3000個論など、宇宙大規模論。（134）ブルームバーゲン（N.）参照。

138. ファンデルメーア Vonder Meer (S.)
（1984（1/2））
1925～2011。オランダ。物理学者。ヨーロッパ原子核研究機関入所。

　1983年、ウィークボソン（光など基本的な力を媒介する素粒子）の存在を証明する実験を進め、W粒子とZ粒子をつくりだすことに成功。それらの粒子が（129）ワインバーグ＝（128）サラムの理論の性質をもっていることを証明した。リングのある1点で陽子ビームの不均一性を測定する仕組を発明と、リングの反対側に電磁場を置いて粒子の散逸を防いだことが成功をもたらした。

　ワインバーグ＝サラムの理論とは、1968年、個別に提案した電磁相互作用と弱い相互作用の統一論である。荷電ベクトル中間子W^+、W^-と2種の中間子をゲージボソンとして導入、二つの相互作用を統一的に記述するくりこみ可能な（非可換）ゲージ場の場の量子論となる。（129）ワインバーグ（S.）、（128）サラム（A.）参照。

139. ルビア　Rubbia (C.)
1934〜。イタリア。(1984 (2/2))
物理学者。ローマ大学教授。

　原子核が放射能崩壊する際、4つの力の一つ弱い力（弱い相互作用）を伝達する（構築は強い力）。質量が大きな短寿命の素粒子ウィークボソン（光るなど基本的な力を媒介する素粒子）を発見した。（原子構成の中性子といえる）。これにより弱い力と電磁力が同じ相互作用の違った（・パイコネ現象といえる（こするも同様。）現れだとする（129）「ワインバーグ＝（128）サラムの理論」の予言を証明した。1968年にワイバーグとサラムが個別に提唱。（大きな短寿命だから媒介後に消滅、波動の相互作用で消滅と同じ）

　4つの基本的な力。[1] 強い核力。[2] 電磁力。[3] 弱い核力。[4] 重力（引力）をいう。(91) イェンゼン (J.H.D.) 参照。なぜ統一論が活発かとは、量子力学の実行は多様でも実行は只一つだけであるからだ。

　(151) ラムゼーは1949年、磁気共鳴でマイクロ波を同調させ、超精密時間測定を実現。

　(139) ルビアは波動の相互作用で違った現れ方の「パイコネ」現象を実現。振動系の共振 (149) デーメルト。

　(103) クォーク（ゲル・マン）は1995年クォーク6種発見確認された。包みが強すぎて外に現れないとする。

　重力（引力）と最弱相互力はニュートン (1642〜1727) の慣性・加速・応反力と力学となる古典力学。現代は対量子力学。これは統一の動きが現代は活動中となる。

140. クリッツィング　Klitzing (K.)
1943 〜。ドイツ。(1985 (単))
物理学者。ミュンヘン工科大学教授。

「ホール効果」（半導体や金属などの枝に電流を流し、垂直に磁界をかけると電場が生じ電位差が発生をホール効果という。（1879年ホール（E.H.）（1855 〜 1938）が発見。（ホール素子磁力計）物理実験の改善の一種で中等教育に応用された）クリッツィングは強磁場と極低温下で半導体に電流を流すと、ホール抵抗は階段状に変化し微細構造定数に直接関係することを発見。微細構造定数の決定および電気抵抗測定標準の確立に寄与した。「量子ホール効果」と言う。
　これは（169）ラフリン（R.B.）の電子のエネルギー準粒子と量子流体へ発展し「ニッチ」効果（立体空間の発見）となる。

141. ビニヒ　Binnig (G.)
1947 〜。(1986 (1/3))。ドイツ。
物理学者。スイスのIBMチューリヒ研究所所員。

（143）ローラー（H.）とともに走査トンネル顕微鏡を開発した。1978年、量子効果を利用し、微細な電極と物質表面の間を流れる電流の変化を計測するSTMは、表面のひとつひとつの原子の並び方まで観測を可能にした。最初の電子顕微鏡を開発し（142）ルスカ（E.A.F.）と（143）ローラー（H）とともに受賞した。光と電子とどこが違うか。電子はケーキのころものように包むもので微細光は人間の眼を刺激し視覚を与えるもの。現代物理では、光が電磁波と波長の

光が多い。可視光線でX線・γ線も光とする。光の本質は回析・干渉・偏光などの波動説。さらに電波と提唱。黒体放射理論と発生体。光電効果と効果と光の粒子説などが現れ、光子や光量子と呼ばれる。発展した量子力学によって光の波動性と粒子性とが統一的に等価と説明されている。速度は真空中で30万km/sと地球周囲を7.5回まわる物理定数で最速体である。(18)マイケルソン（A.A.）参照。

　光（light）は光線（beam）・太陽光線（ray）で、鏡は光を反射する。光炎は八方に光を発散し、放射。水は光を吸収する。

　光線は波長380〜780nmの電破波。目を刺激し視覚意識となる。

　電子（electronic）は素粒子（物質構成の基本的粒子の一つ）。軽粒子ともいう。1897年（19世紀末）(17)トムソン（S.J.J.）が発見。電子とはケーキの包体と考えた。－e電子雲で形成される。波動性で応用が電子顕微鏡は光学顕微鏡より高倍率だ。光と電子は同速である。

142. ルスカ　Ruska（E.A.F.）

1906〜1988。(1986(2/3))。

ドイツ。物理学者。1937年ジーメンス社入社。電子顕微鏡の開発に従事。西ベルリン工科大学教授。

　光の代りに電子を使えば、飛躍的に高倍率の像が得られると仮定。1931年、世界初の電子レンズを完成させ、1933年電子顕微鏡を開発した。(53)トムソン参照。電子の波動性確定。(44)ド・ブロイ波を実証した。光線の代りに電子線、光学レンズの代りに電子レンズを用いて物体の拡大像を得る装置。波動としての電子線波長（物質波）は光線に比べて短いため、光学顕微鏡では不可能な高倍率・高分解能が得られる。電子像は写真にするか蛍光（けいこう）板で観察する。大型のものは倍率30万部に達する。ブラウン管で観察する走査電子顕

鏡等がある。

　電子レンジ。日本では1961年に作った。短時間でOK。

　食品中の水分をマイクロ波で加熱し戻す。容器加熱なし。（7）レントゲン参照（95）バーソフ（N.G.）参照。

143.　ローラー　Roher（H.）
1933〜2013。（1986（3/3））

スイス。物理学者。1997年IBM研究所入所。

　1978年（141）ビニヒ（G.）が研究に加わり、2人ともに、導体、半導体の局所的な伝導性を調べる装置を構築。金を調べ表面の原子構造の像が映し出された。個々の原子が明瞭に識別できる装置は走査トンネル顕微鏡STMと呼ばれるようになり、表面科学そして「ナノテクノロジーの新時代を切り開いた。

　ナノテクノロジーとは、10億分の1を意味する言葉で、極小な物質単位を相手にした、器械的な技術の総称。（202）ガイム参照。マイクロマシン、および分子レベルのモータや回転系のマシンなども考えられている。原子間力顕微鏡（AFM）などの精密機器が観測と操作の両方に活用され始めて今後の展開が期待されている。

　可視光線の波長範囲は約380nmから780nm程度までで、約1オクタブになる。nmはナノテクノロジー10億分の1を意味する。1オクターブは虹の7色でもある。

144. ベドノルツ　Bednorz (J.G.)

1950～。ドイツ。(1987 (1/2))

物理学者。IBMチューリヒ研究所入所。

　1983年から (159) ミュラー (K.A.) と共同で酸化物の超伝導の可能性を追究。酸化物の超伝導の可能性の試験担当。1986年、バリウム、ランタン、銅の酸化物が絶対温度35Kで超伝導状態になること確認した。この温度はそれまで得られていたのより12Kも高かった。

　超伝導。超電気伝導ともいう。電気抵抗が、ある温度以下で急にゼロになる現象。「完全反磁性」1957年、(109) バーディーンらの電子対の形成に基づく微視的な「BCS理論により理論的基礎が確立された。(112)「ジョセフソン効果」(薄い絶縁体を通して接合) の時に起る超伝導現象 (112) ジョセフソンが理論的に見出した)。2つの超伝体に電圧をかけないでも、超電導に特有な電子対が「トンネル効果」で絶縁膜を通して一方向に流れる「直流ジョフソン効果」という。マクロの波動現象の位相差が重要な働きをして量子効果であること示している。この位相はヘリウムの性質を説明する重要な概念になる。高速スイッチ素子となる。(26) カマーリング・オネス (H.)。(112) ジョセフソン (B.D.) 参照。

145. ミュラー　Müller (K.A.)

1927～。スイス。(1987 (2/2))

物理学者。研究所員。

　(183)(アブリコソフ参照)(リニアモーターカー原理・(超電導磁気

浮上式鉄道）

（144）ベドノルツ（J.G.）とともに銅は35Kで超伝導体であることを発見。（当時電気抵抗を失う温度は絶対温度23Kだった）世界中の科学者に衝撃を与えた。1986年。後一年たらずで100Kでの超電導が達成された。経済的にも重要とされた。発電や電力輸送の可能性が示された。

　超電導とも書く。数Kの極低温（転移温度）以下で電気抵抗が0になる現象。BCS理論で説明された。（超伝導体に大磁場をかけていくと、ある値以上の磁場（臨界磁場）を超えると、超伝導が破壊されて一挙に常伝導に戻る。第1種超電導体と、徐々に磁束の侵入を許してさらに高い磁場による常伝導に戻る第2がある。超伝導体を転移温度以上では、超伝導態はこわされ常伝導に戻る。実用面でも開拓されている。（超伝導材料の実用的特徴は、1）損失なく大電流が流せる。2）強い磁場を発生させうる。3）永久電流が可能などがある）そのためMHD発電、リニアモーターカー、電力貯蔵などが開けた。

　超伝導性を保つには、極低温設備が必要でコストが難点。

146. スタインバーガー Steinberge（J.）

1921～。（1988（1/3））

ドイツ生アメリカ物理学者。1971年コロンビア大学教授。

　1962年（148）レーダーマン（L.M.）と（148）シュワルツ（M.）とともに初めて人工的にニュートリノをつくることに成功した。ミューニュートリノという新しいタイプを発見した。（人工的ニュートリノ・μ（ミュー）。

　自然に存在する四つの力のうち「弱い相互作用」といった過程を含

む核崩壊（β崩壊）の研究が可能になった。(91) イェンゼン(J.H.D.) 参照。

　ニュートリノ（neutrino）。素粒子で、電荷 0（ゼロ）、スピン1/2、レプトン（3世代6種ある。軽粒子数ともいう。）ニュートリノは物質に吸収されず貫ける。太陽中心の核反応の結果、電子ニュートリノが放射される。太陽の中心をニュートリノを使えば見ることができるとなる。逆に検出は難しい。中心で60億になると陽電子消滅しニュートリノが生成。相互作用せず星のエネルギーを持去る。星中心部の崩壊で超新星爆発発生。(ニュートリノ天文学)。(星の消滅)。天体の中でニュートリノを多量に移射する現象が判る。・ニュートリノ振動とは、空間内を移動（質量あり）種類が入れ換っているということだ。(214) 梶田隆章参照）。発生源となる粒子に対して1）電子ニュートリノ。2）τ（タウ）ニュートリノ。3）ニュートリノ3種ある。観測難しく。1931年、(58) パウリ(W.) が中性の粒子が同時に放出必要と仮定し確認は1956年（161）ライネスが原子炉から放出と予想し、逆過程を見出し1950年発見。確認された。ニュートリノは毎秒100兆個も人体を貫通する。反応は一生に1回（死亡）と評価。1962年3種存在と判ている弱相互作用だけだ。

147. シュワルツ　Schwartz (M.)

1932～。(1988 (2/3))

アメリカ。物理学者。コロンビア大学教授。

　1962年、同僚、(148) レーダーマン (L.M.) (146) スタインバーガー (J.) とともに、ニュートリノの実験をしやすくする方法を考案し、μ・ミューニュートリノを発見。

　加速器を使い素粒子実験装置で自然界に存在する四つの力のうち

「弱い力」や「弱い相互作用」といった過程を含む核崩壊（β崩壊）の研究が可能になった。β崩壊は、放射性核種がβ線を放出して自然崩壊する過程をいう。

　β崩壊は原子核中の中性子が陽子、電子および反ニュートリノに転換し、陽子は原子核内にとどまり、電子と反ニュートリノとが原子核外に放出される現象がある。β崩壊を起す相互作用は、陽子、中性子、電子、反ニュートリノの間に働く（弱い相互作用）である。

148. レーダーマン　Lederman (L.M.)

1922～。(1988 (3/3))

アメリカ。物理者。コロンビア大学教授。

　1989年フェルミ国立加速器研究所所長。

　1962年コロンビア大学（147）シュワルツ（M.）、(146)スタインバーガー（J.）とともに、ニューヨークのブルックヘブン国立研究所でニュートリノを人工的に作り出す実験を試み、初めて成功。「ミューニュートリノを発見した。この発見で素粒子の構造研究に道を開いた。ニュートリノは荷電0（ゼロ）、スピン1/2、素粒子でレプトン3世代6種のレプトンがある。

　第一世代、電子と電子ニュートリノ（e、ν_e）。

　第二世代、負μ粒子とミューニュートリノ（μ^-、ν_μ）。

　第三世代、負τ粒子とタウニュートリ（τ^-、ν_τ）。

　これらの反粒子を含めてレプトンと呼ぶ。

　電磁相互作用をするほかは、弱い相互作用をするだけである。弱粒子とも呼ばれる。レプトン数が相互作用の場合は保存される。

　レプトンが関与する相互作用ではパリティが保存されない。

　学者は答えを見付けること、専門用語で語られ同じ内容でも用語は

変わる。社会を混乱の一因だ。社会用語と準用語が望まれる。
（170）シュテルマー（H.L.）準位の発生。トレンド（trend・傾向）。

149. デーメルト　Dehmelt (H.G.)

1922～。（1989 (1/3)）

ドイツ生。アメリカ。物理学者。2次大戦でアメリカ軍の捕虜となる。開放されて渡米。ワシントン大学教授。

　1955年、電子を分離の閉じ込める「パウル・トラップ」を発明。(150)パウル（W.）参照。開発し1973年、電子の補足に成功。（トラップはワナの意。消臭配管でも使われる）。電子性質測定を可能にした。原子分光学の基礎を築いた。(150) γ パウル（W）、と（151）ν ラムゼー（N.F.）と共同。共鳴（resonance）は、振動系に外力を加え強制振動させると、外力が系の固有振動に近づくと、振幅が急に増大の現象。音や弾性振動では共鳴、電気振動や機械振動では共振という。意識では共感となり交渉成立。多決原理となる。これが「ししおどし」と転移された。ポンピングも同様。拡大し（1）ピタゴラスも同様。(151) ラムゼー（N.F.）と発展した。鋭さ鈍さの指摘はある。音叉計で純音と比較。単純音との比較から連成振動でも共鳴が存在し、高層ビル・橋・機械でも一部の共振破壊・同調回路の特定振動がある。素粒子間でも準位置手差から外部から吸収する。共鳴吸収という。有機化学では「共役二重結合の化合物では、一つの化合式だけでは不十分なケースが古くから知られていた。それで2つの構造式を同時にと考慮の必要から共鳴を限界構造式という。中間的共鳴混成体とする。また、共鳴は互変異性と変化の表現ではなく、分子の真の構造を表わための1つの便法と考えるべきもの、有用でその不備を補うものと共鳴表示法が用いられる。日本庭園の「ししおどし」は発振器である。

電子は知らなかった。ゆっくりと水をため、スイッチ操作で急に放電は半導体現象だ。これを理論化と（76）・（109）バーディーン（J.）らの「BCS理論」となる。（122）バンブレック（J.H.）参照。

150. パウル　Paul（W.）
1913〜1993。（1989（2/3））ドイツ。
物理学者。ボン大学教授。

　電子や電荷を帯びた原子イオン（電子核の回りを電子がおおうが電荷の増減があり、それをイオンと呼ぶ。原子の反応性は電子の配置で決る）。（原子参照）を交流電場で狭い空間に閉じ込める「パウル・トラップ」（トラップはワナの意）を発明。原子の特徴と検証を可能にした。イオン集団から特定イオンの分離に成功。（151）ラムゼ（N.F.）と（149）デーメルト（H.G.）と協同。
　トラップ・trapは、「ワナ」。配管で臭気や逆流防止の装置。蒸気配管の水抜装置。真空ポンプで水蒸気・水銀蒸気などの冷却・凝縮。サッカーで動くボールを自分支配下におき止める動作のトラッピング・ストッピング。射撃の発射orその競技等に置換される。交換と拡大であり、科学の発展はほとんど「トラップ」効果となる。日本人にこの発想はない。庭師発明の「ししおどし」の超小型は電子器機と転移できる。発想とはスポーツだ。初級は基本の基礎知識、中級は相手より優れること。上級は独自の逆論で新開地は原理重複とミドル（中央）のトラップ発見だ。誘導意識が電子の加工創始と期待できる。群論にも全体均一はない。相手のスキを見つける、これが難しい。（42）コンプトン（A.H.）参照。他者がしてないことの発見である。
　save・セーブ・抑制であり、日本は「恥」の文化とする。（169）ラフリン（R.B.）参照。

151. ラムゼー Ramsey (N.F.)

1915 ～ 2011。(1989 (3/3))。

アメリカ。物理学者。1947年ハーバード大学に招かれ教授。

　1949年離れた2ヵ所にかけた電磁場に分子線（中性分子の線束。線束中分子が離れ、単独の分子の研究できる。）を通して磁気共鳴（ラムゼーの共鳴）を起こし、原子や原子核を高い精度で調べられることを発見。マイクロ波を同調させて超精密な時間計測し、今日、時間標準の決定に使われているセシウム時計の開発の道を開いた。(149) デーメルト。(150) パウルとも共同。(151) ラムゼー (N.F.) は期待できる。

　又、「ラムゼーの定理」と、ラッセル (B.) (1872 ～ 1970) イギリスの哲学者・数学者・評論家の (1950年ノーベル文学賞受賞) 1950年頃は世界2次大戦が終了し騒然の時代であった。数学は論理学的概念に還元できるとし「数学の諸原理」1903 (ホワイトヘッドと共著で、「数学構成には、「無限の公理」「選出の公理」「還元の公理」が必要であるとした。しかし、(151) ラムゼーは「還元の公理」は不要と主張は「ラムゼーの定理」と主張。その詳細は証明しなかった。不要を定理と主張は珍しい。(183) アブリコフ (A.A.) 参照。人間集団に混在する。

　その後、「無限・選出・還元」の意識は論理学に影響を与えた。

152. ケンドール Kmdall（H.W.）
1926〜1999.（1990（1/3））

アメリカ。原子物理者。1967年スタフォード大学教授。

　同大学院時代に会った（153）テーラー（R.E.）と（154）フリードマン（J.I.）とともに同大学線形加速器研究所で電子の原子核による散乱実験を実施。1975年に陽子や中性子の内部に硬い点状の芯があることを観察、これが1964年に（103）ゲルマン（M.）とツワイク（J.）が提唱したクォークと結論に達した。1999年フロリダ州の海岸でスキューバダイビング中に死亡。

　原子（atom）は荷電粒子を発生せず、分割できない物質の最小単位。元素（element）、化学元素ともいう、原子の集団。原子番号で区別される。（原子番号が同じでも中性子の数が異なるのはアイソトープ（質量数が異なり同位体という。質量は重力質量と慣性質量と2種ある。）原子の概念は紀元前5世紀のギリシアの哲学者デモクリトスの「アトモス」（不可分な）の意に始る。具体的に（1）ピタゴラス（前569〜470）は星座を見て「$3^2 + 4^2 = 5^2$」定理（拮抗）。5：（3 + 5）＝ 8「黄金比」（群詳と相補）の黄金比を創始。この見解は支配的で、19世紀に入って近代的な科学実験と数学的推論による物質の構築まで続いた。近代原子論は（21）ラザフォード（E.）（1871〜1937）の原子構造の解析とモーズリー（H.G.J.）（1887〜1915）による原子番号（陽子の数）のもつ数理的物理性意義の解明である。原子は原子核と刻外の電子から成ると確かめられた。物質は化学結合による分子によって結ばれた原子から成る。原子は電子と原子核から構成。原子もエネルギーを加えると構成粒子に分割。原子の反応性は電子配置によって決まる。原子核を構成する陽子と中性子および電子もさらに巨大なエネルギーを与えると、寿命の短い各種の素粒子（働き方に対してそれぞれに粒子名が付く）に分けることができる。原子中央に陽子

と中性子からなる核がある。これらは核子で小さいが重く、核は原子全体の99.9％以上。体積は 10^{-14} を占める。核は接近すると核力が働き互いに結着して核を形成、陽子はそれぞれ正の電荷をもち、中性子は電荷なく、核は正の荷を帯びている。電荷の増減はイオンと呼ばれる。陽子と中性子は小さな粒子でクォークと呼ばれる小粒子で構成。（1975年～この働きは未解明）核の回りは負の電荷の質量がほとんどない電子粒子拡散の雲でおおわれている。負に電荷した電子は正に電荷した核に拘束。電子の数は核中の陽子数と等しい。これが原子（atom）となる。

153. テーラー Taylo (R.E.)

1929～。カナダ。（1990（2/3））

物理学者。1970年、スタンフォード大学教授。

　1975年、陽子や中性子の内部に硬い点状の芯があることを観察、クォークであると結論づけた。それまで理論的な存在でしかなかったクォークを実験的に明らかにした。

　強い相互作用をする粒子（ハドロン）を構成する素粒子。1964年（103）ゲルマンに予言された粒子である。

　素粒子論は素粒子の本性・転換・生滅の法則を研究する微細へ向かう理論物理学である。素粒子は理論と発展とともに変りうる。現在はクォーク・レプトン・ゲージ粒子・ヒッグス粒子の4大別とする。細部を入れると300種もある。素粒子の相互作用は4種、（1）強い相互作用のクォークグループ。（2）電磁相互作用。（3）弱い相互作用の β 崩壊の陽子・中性子・電子・反ニュートリノ等。（4）重力相互作用が知られている。その相対に宇宙性の相対性理論があり、基点の0（ゼロ）は人間の意識と認識となる。意識は客観（明示された客体）。認識は主観

（現実と、明示しつつある主体）と2種あり、動詞が前の欧米語は論理的順序である。動詞が後の日本語は状況的は相手の顔色で変えることもある。これは台風や地震の発生後の状況に対応意識と同様で環境に適応従事と生態・習慣であり、正誤なく優劣意識から発生だ。「ししおどし」は「BCS理論」と2本箸のポンピングも素粒子論となる。

154. フリードマン　Rriedman（J.I.）
1930 〜。（1990（3/3））
アメリカ。物理学者。1967年、マサセッツ工科大学教授。

　1975年、陽子や中性子の内部に硬い点状の芯があることを観察、クォークであると結論づけた。それまで理論的な存在を実験的に明らかにした。素粒子とは物質の場を構成する基本的な原子・粒子・光子・電子（17）・クォーク等。内部構造が判る、陽子・中性子・中間子など。物質は分子・原子からなり、原子核と取り巻く電子から構成される。原子核は陽子と中性子の結合体。さらに3個のクォークから構成。一方、レプトンは電子・μ粒子等とニュートリノグループ。クォークグループ・光子グループ等とある。それらに質量を持たせる（210）ヒッグス粒子が演じている。重力媒介の重力子は未確認である。グルーオンはクォークを結合させる力（強い相互作用）を媒介するゲージボソンとなり、単体で取りだせない。光子は電荷をもつ粒子の働くクローン力を媒介。弱い相互作用の媒介はボソンの素粒子である。これらは素粒子の相互作用で場の理論と標準理論となる。

「原子」
　原子は電子（1840倍の質量）のころもに包まれた陽子と中性子の核を原子という。

量のエネルギー源は核融合である。星の内部での熱核反応によって種々の原子核がつくられる。1911年（21）ラザフォード（E.）、1871〜1937。イギリス。物理学者。化学者。電波検知器で1898年放射能の研究で α 線・β 線・γ 線の別を明らかにし、原子崩壊説を立てた。α 線がヘリウムの原子核であると実証。α 線による散乱の結果から有核原子模型を確立（ラザフォードの原子模型）。1924年に原子核反応を実現した。物質構造の根本を明らかにした。1908年ノーベル化学賞受賞。当時の物理・化学は同一視されていた。

　1964年、（103）ゲル＝マン（M.）に予言されいたクォークを1995年トップクォークの6種類が（152）ケンドール（H.W.）・（153）テーラー（R.E.）・（154）フリードマン（J.I.）の3名協同で発見された。それまで理論的な存在でしかなかったクォークを実験的に明らかにした。素粒子における相互作用の統一理論が確定したことになる。（1995－1911＝84）素粒子（原子構成）も理論の発展とともに変り世界中の科学者が84年間も研究を重ねて実現した。

155. ドジャンヌ　De Gennes（P.G.）

1932〜2007。（1991（単））

フランス。物理学者。1976年コレージュ・ド・フランス教授

　磁性体の相転移（相変化ともいう。1つの相から他の相へ移る協力現象。一次は水蒸気から水、水から氷への転移。二次は磁性体の常磁性－強磁性転移、合金の秩序無秩序転移。液体ヘリウムの正常流体から超流動流体への転移）（人間意識も生物性の「寝る・起きる・動く」と意識性の起承転結・喜怒哀楽・温故知新とある）の研究に取り組み、数学的記述を与えることに成功。1960年代には超伝導、液晶へと展開し、電場により起こる液晶の遷移現象を相転移と考え方で説

明するとともに、棒状の液晶分子の配列いかんによって理論的に導き出される4種類の「相」について論じた。続いて高分子に取り組み、くりこみ群という方法を適用して高分子鎖の運動に関する一般的な指針を示した。「現代のアイザック・ニュートン」と評価された。

アメリカの数学者（67）ノイマン（J.V.）（1903～1957）は、ゲーム論「何が良く、何が悪いかを言えるのは本人だけである。審判はいない」と言った。1944年。「ゲームの理論と経済行動」著作。物理学へ意識の導入である。原理のセットは新原理と誘導される。

156. シャルパック　Charpak (G.)
1924～2010。（1992（単））
フランス。物理学者。

　1959年、スイスのヨーロッパ原子核研究機関に入り、素粒子検出器の設計に取り組んだ。第2次世界大戦中、反ナチスのレズスタンスに参加、1943年に投獄、ドイツの強制収容所に収容されて戻った。1968年、複数の高エネルギー荷電粒子の飛跡を3次元的かつ高速に記録できる多線式比例計数管MWPCを開発した。10億回に1回しか起こらないような素粒子相互作用の識別まで可能にしたうえ、エレクトニクス（電子工学）技術を駆使してデータ収集速度を1000倍に高め空間分解可能も改善した功績が評価された。

　素粒子は物質を構成する最も基本的、かつ要素的な粒子。すべての物質は分子と原子からなり、原子は原子核とそれを取り巻く電子（ケーキのころも体）から構成されている。原子核は陽子と中性子の結合。陽子や中性子はさらに3個のクォークから構成。これら素粒子の間に働く力を媒介する電磁相互作用で構成されている。

　（123）モット（S.N.）参照。

157. テーラー　Taylor（J.H.Jr）
1941〜。（1993（1/2））
アメリカ。天体物理学者。1980年プリンストン大学教授。

　マサチューセッツ大学時代、彼のもとで学ぶ大学院生の（158）ハルス（R.S.）とともにパルサーの研究。1974年プエルトリコ西インド諸島の大型電波望遠鏡で中性子を伴う連星パルサー PSR1913＋16を発見。（114）ヒューウィッシュ（A.）参照。パルサーがパルス間の間隔が8時間周期で増減する規則正しいパターン変化することから、もう一方の星とつくる重心の周囲を公転しているために地球から遠ざかったり地球に近づいたりしている（天動現象）に違いなく、もう一方の星もパルサーと同程度の質量をもつ中性子星（114）ヒューウィッシュ（A.）がパルサーを発見、これが高速自転の中性子星だと結論づけた。この発見はアインシュタインの一般相対性理論が述べる重力理論を検証できる「宇宙実験室」を提供したものと評価された。さらに周期が縮まり、中性子間の距離がせばまることは重力波（光は星雲の働く重力で太陽光は折れ曲がる）の放出と見た。ニュートンが宇宙は絶対的としたが、（34）アインシュタインは運動（重力波理論）も時間も「相対的」であることを示した。（136）チャンドラセカール（中性子星予測）参照。

　電波望遠鏡は、天体からくる電波をとらえ、強度、スペクトル、方向などを測定する装置。円型大形の受信アンテナで自動傾斜器から受信しコンピュータと連動し測定値を得る。（179）ケターレ（W.）参照。

158. ハルス　Halse (R.A.)

1950 ～。(1993 (2/2)) アメリカ。

物理学者。

　1974年マサチューセッツ大学大学院生時代に (157) テーラー (J.H.Jr) とともにプエルトリコの大型電波望遠鏡を使って観測中に「パルサー群を発見。短く規則正しい周期で電波を放出し高速度で自転する「中性子星」であることを観測。中性子量を伴う連星であった。2つの星は速度を上げながら互いの距離を縮めていることを観測、それが連星パルサーが重力波を放出するためにエネルギーを放出するからだとした。パルサーは1967年に (114) ヒューウィッシュ (A.) が発見した。(158) ハルス (R.A.) らの発見は (34) アインシュタイン (A.) が一般相対性理論のなかで述べた重力理論の重力波の予言を間接的に証明した。発想は (34) アインシュタイン (A.) の予言、(114) ヒューウィッシュ (A.) の改良。(158) ハルス (R.A.) の転移と発展する。(215) 土井棟治朗は、拮抗・群論・相補とした。

　地上で高温・高圧の実験はできないが、パルス状の電波を放射する天体（太陽、恒星、惑星、衛星、彗星、星雲、星団、銀河、銀河団など）を発見。可視光線、紫外線、X線、γ線（微小な磁束密度単位。1ガンマは1/10億分1テスラ）など放射していることが判る。

V 現代後期

159. シャル Shull (C.G.)

1915～2001。(1994 (1/2)) アメリカ。

物理学者。1986年、マサチューセッツ工科大学教授。

　単一速度の中性子線（中性子）を物質内に透過させ、回折・散乱する中性子を測定して物質・原子構造を調べる中性子散乱の技術を確立した。回折法。(まわりこむ、らせんねじミゾ) 1994年、(159) シャルとは異なる方法で中性子散乱の分光法（粒子が入ると出るで角度変わる）を開発した (160) ブロックハウス (B.N.) とともに受賞した。事象へのアプローチは多様でも、目的の大枠は類似となる。

　中間子は、(63) 湯川秀樹が指摘した媒介役だ。中性子・neutron は原子核構成の[1]中性粒子。質量は同じ構成の[2]陽子と同じ (939.6Mev)。電子質量の約1840倍。[3]電荷ゼロで核の中へ入り易い。中性でも[4]磁気モーメントをもつ。(46) ハイゼンベルク (W.K.) は中性子と陽子とが原子核構成要素と指摘、[5]核構造とした。結合の核力は等しく核子という[6]粒子の荷電状態とみなした（仮定）。この考え方は素粒子分類に用いられている。つまり[7]媒介子だ。中性子はエネルギーで分類され核反応で放出、結晶や[8]分子、[9]磁性研究用、透過性で物体透視の[10]非破壊検査用。不安定で[11]寿命15分。電子と反電子ニュートリノを放出し陽子に転換。この過程が放射性元素の[12] β 崩壊である。(146) スタインバーガー (J.) 参照。

　中間子 (meson) はその後の研究によって強相互作用の素粒子の総称となった。英語に媒介語はない。媒質 (medium) はある。比較主義の英語は動詞は前だから、仮定は存在しないのだ。対応に日本は地震や台風で予想の対応から「〜ならば」と仮定し構成動詞は後だ。媒介は多く、これが潜在と発展し2本のハシやししおどしとなった。

160. ブロックハウス Brockhouse (B.N.)
(1994 (2/2))

1915～2003。カナダ。物理学者。1984年。マクマスター大学教授。

　中性子線（熱中性子線で磁気モーメント（能率）利用した磁性の研究、透過性を利用し、X線やγ線と同様に、物体を透視する）を物質内に透過させ、回折・散乱する中性子を測定して物質の原子構造を調べる中性子散乱の研究を主導。物質を形づくる原子格子の振動を中性子散乱で測定する手法を確立。さらに中性子分光器を開発し、格子振動で発生するフォノン（結晶中の原子またはイオンは平衡位置のまわりで小さく振動している人間脳内でも同様。意識の反動が電気抵抗電荷の配置換となるからだ。この振動は波になって結晶中を伝わり、音波と同じ性質をもっている。この振動をエネルギーの集合とみなし（仮定）て、粒子をフォノンという）。超伝導（超電気伝導ともいう。ある種金属や合金の電気抵抗が、ある温度以下で急にゼロになる現象）現象は金属内電子がフォノンを交換することによって起こる引力によって起因するからである。(26) カマーリング・オネス (H.) 参照。

161. ライネス Reines (F.)
1918～1998。(1995 (1/2))

アメリカ。物理学者。1959年、ロスアラモス国立研究所で素粒子実験を指揮した。

　1950年、レプトン（スピン1/2、電荷は0）に属するニュートリノ

を発見。1930年代から予測されていた。質量ゼロは極めて小さく観測は困難だった。サウスカロナイナ州のサバンナリバー実験施設で原子炉から放出されたニュートリノが400 l（リットル）の水槽を通過する際放出するかすかな光子（フォトン）を観測し、粒子の存在を確立した。1985年τ（タウ）粒子を発見。ニュートリノ時代の創始である。

　その後、ニュートリノの研究は水槽通過抗となった。（180）デービス（R.Jr.）はサウスダユタ州の鉱山地下1500m、600tonで1960年から25年も観測、予想の1/3判明、残はどうしたと提唱。（181）小柴昌俊はカミオカンデで1987年、ニュトリノ検出に成功。

（214）梶田隆章は1996年、カミオカンデの新装置でニュートリノ振動の光跡を発見した。電荷0（ゼロ）でも存在するとは今後の研究に期待だ。

　残はどうしたという提唱から多くの転移が発生した。

　1　（6）マルクス（K.H.）は経済を剰余の価値と分析した。
　2　（45）ラマン（S.C.V.）は照射光と散乱光の波長差で分子解析。
　3　（76）・（109）バーディーン（J.）は半導体発振残からトランジスタとBCS論。
　4　（83）ポントリャーギン（L.A.）はフィルタリング（篩フルイ）で最大値原理。

　共通意識と類似の中から「例」として示す。人はこの意識を好む。（67）ノイマン（J.V.）は命令とデータの同意化で賢い秤を創始、集積回路とした。弱粒子の弱い相互作用だとする。意識が変わるのは何故かとなる。正誤なし、優劣あり。人生に正解なし転移無数。（83）ポントリャーギン（L.S.）はフィルタリング（ふるいに掛ける）とした。

162. パール　Perl（M.L.）

1927～2014。アメリカ。（1995（2/2））
物理学者。1963年スタンフォード大学教授。

　1977年スタンフォード線形加速器研究所SLACでの実験で、電荷をもつレプトンでは電子、μ粒子（ミュー）に続く第三世代の重い質量をもつ粒子、τ粒子（タウ）を発見した。存在が予測されてたが初めて発見。素粒子物理学の標準理論を完成させる証明となった。
　素粒子の標準理論。
　今日知られている素粒子の運動、反応を包括的に説明する条件を満たした標準的理論。重力相互作用は考慮しない。電磁相互作用と弱い相互作用を統一的に記述する（129）「ワインバーグ＝サラム理論」、強い相互作用を記述する量子色力学を組み合わせた場の量子論で、ゲージ理論である。6種のレプトン、6種のクォーク、およびヒッグス粒子を含み、これらがゲージボソンを交換するこことで相互作用する。統一的理論を目指し、予言力の強い大統一理論や超法理論などもエルネギー領域では実験も標準理論と同一内容をもつことが必要であると考えられる。実験と理論の等価性だ。（187）（ポリツァー参照）。
　物理学では標準理論（説明）と統一論の両輪で揺れ動く、1）座標と図表にすると判り易い。発生・転移・消滅の背景となる
　量子色力学とは、量子数を「赤・青・緑」と異なる色をもつと仮定の3組のクォークが存在である。変化多様を色に仮定転移。（186）グロス（D.J.）参照。色は全色結合は「白」となる、波頭色であり、意識は積極的な（aggressive・アグレッシブ）となる。

163. リー　Lee (D.M.)

1931 〜。（1996 (1/3)）アメリカ。

物理学者。コーネル大学教授。

　1970年代初めに、(164) リチャードソン（R.C.）と (165) オシェロフ（D.D.）とともにコーネル大学の低温実験室でヘリウム3が絶対温度0.002Kの極低温で超流動（極低温の液体ヘリウムが、他の液体では通過できない微小な径の毛細管を流れる現象。1938年 (125) カピッツァ（P.L.）によって発見された粘性なし。熱は運ばない。（エントロピーなし）。

　熱の波（第二音波伝える）。ビーカーに入れると器壁を可動膜をつくりはい上り低い方へ流れる）「二流体理論」と (90) ランダウによって深まった（ボース＝アインシュタイン凝縮の巨視的現象）。ヘリウム4では1930年代に発見されていた。ヘリウム3では発生仕組みは異なる。統計熱力学の基礎となり、高温超伝導にも道は開かれた。功績が認められ

　ヘリウム3とヘリウム4との粘性のちがいとなる。(185) レゲット（A.J.）参照。

164. リチャードソン　Richardson (R.C.)

（1996 (2/3)）

1937 〜 2013。アメリカ。物理学者。1997年コーネル大学原子固体物理研究所所長。

　(163) リーとともに研究所で研究していた。(165) オシェロフが圧

力のわずかの突然の変化に気づく。超流動状態への相転移の結果だった。(1つの相から他の相へ移る「協力現象」。水蒸気〜水〜氷への転移。(超流動ヘリウム3)。量子力学を目えない粒子で間接的に研究してきた量子効果も、マクロな目で見えるシステムで直接研究できるようになった。この功績は大きい。

165. オシェロフ　Osheroff (D.D.)
1945〜。(1996 (3/3))
アメリカ。物理学者。1973年、スタンフォード大学教授。

　1970年代初めコーネル大学低温実験室で（163）リー（D.M.）と（164）リチャードソン（R.C.）との3名で研究していた。ヘリウム3の超流動を発見。

　ヘリウムは水素に次いで軽く、不燃焼で気球用ガスとして使用される。液体ヘリウムは極低温を得るのに用いられる。酸素に混ぜ吸入用としても利用される。1868年、イギリスの天文学者、ロッキー（J）とフランクランド（E.）により太陽の輝線スペクトル中に発見された。科学的にきわめつ安定で化合物をつくらない。軽るさは、オーロラの因子とも考えられる。(81) チェレンコフ（F.A.）参照。

　オシェロフのヘリウム3とヘリウム4との違いは、(59) ブリッジマン（P.W.）の操作主義を示唆するもので、量子力学、統計熱力学、高温超伝導などさまざまな分野での解明に道筋を与えるものと評価された。(184) ギンツブルグ（V.L.）参照。

166. チュー Chu (S.)

1948 〜。(1997 (1/3))。アメリカ。

物理学者。

　絶対温度（原子・分子の熱運動が全くなくなり、完全に静止すると考えられる温度を最低の0度、水の三重点（一物質質の気相（水蒸気）・液相（水）・固相（氷）の共存する状態）。熱とは原子・分子の動く状態、エネルギーの移動の一形態。普通に言われる0度とは、氷の固体状態を0度。液体の水が沸騰し気体となる時点で「100」とした100等分割目盛りである。天然の雪、あられ、霜などの密度は0.917g/cm^3。同条件の水の密度は0.99984g/cm^3で雪・氷などは軽く水上に浮く。水が氷点下の固体状態になると水素結合で一般の化学結合より長く氷の体積は大となる。これが隙間に入った水が氷結とこおり凍害となる。毎年繰り返すことで割れ目は大きくなる。水の侵入を止めないとだめだ。硬い岩石でも風化で砂となる。水の三重点を「273.16」と定め目盛間隔はセ氏と同じにとり、273.15の関係をいう。つまり、0度でも－273.16度より低い温度はないとなる。

　チューは1935年ナトリウム原子で絶対温度の240μKを実現した

167. コーエンタヌジ Cohen-Tannoudji (C.)

(1997 (2/3))

1933 〜。フランス。物理学者。1973年コレージュ・ドフランス教授。

---

　(166) チュー (S.) は同僚だ。

　1960年代から原子と光の相互作用について研究。1985年アメリカ

の（166）チュー（S.）がドップラー冷却法によりナトリウム原子を絶対温度で240μK（マイクロケルビン。1μK＝100万分の1K）まで冷却することに成功すると、（168）フィリップス（W.D.）とともに実験に参加した。フィリップスが磁場とレーザー光で40μKまで下げたのち、理論的解析を加えることで、ヘリウム原子を限界以下の0.18μKまで冷却し、静止させることに成功した。（166）チューと（167）コーエンヌジと（168）フィリップスの3人の研究は、原子の熱運動を抑えて原子の正確な信号をとらえることを可能にするもので、原子時計の精度をさらに向上させ、加工や測定の精度がけた違いに高まる。今日の科学技術が発達した時代でも熱（heat）の定義は不明。単位も「ジュール」と「カロリー」とある。現在は微粒子の運動に伴う力学的エネルギーが熱である。（166）チュー（S.）参照。

168. フィリップス Phillips（W.D.）

1948～。（1997（3/3））

アメリカ。物理学者。アメリカ国立標準技術研究所教授。

　1985年アメリカの（166）チューがドップラー冷却法で、ナトリウム原子を240μKまで冷却に成功。（167）コーエンタヌジは理論的解析を加えることでヘリウム原子を冷却し、静止に成功。

　（168）フィリップスは磁場とレーザー光でヘリウム原子を冷却し、静止させることに成功。

　原子を静止とは、三重点（水・氷・水蒸気）の移動がなく「熱平衡」にあるとなり、各物体の温度は等しい。意識の集中力であり、次の判断力へと転移できる。集中すると浮上するのは基礎知識の有無となる。事物には順序があるからで、系統樹の枝葉も系の連鎖であるからだ。逆立ちも有効となる。パラドックス（逆説）だ。

VI
現在前期

169. ラフリン　Laughlin (R.B.)

1950 ～。(1998 (1/3))　アメリカ。

物理学者。スタンフォード大学教授。

　1880年代に発見の（140）クリッツィングの量子ホール効果の研究で1982年（170）シュテルマー（H.L.）と（171）ツイ（D.C.）が1983年に理論的説明を与えた。1/3・1/5となると、この説明は新しい種類（ニッチ効果）の流体へと変化させるとした。新概念の登場だ。低温と強磁場が電子を新しい種類の量子流体へ変化させるというこの説明は、物質の一般的な内部構造や動力学に新たな理論的概念を与えるものと現代物理学に貢献した。

　ニッチ（niche）とは建物内部壁面の凹みをいう。花飾台と活用されている。これが地球表面近くにある空洞に転移できる。崩れると地震となるからだ。地層・波動・津波の因子でもあり、地震計に発展した。意識・物体にも発生し、その対策も必要である。また、「AI」・「IC」・「CD」・「トラップの開閉」（150）パウル（W.）参照。これらは非常に有効とあばれ馬態で調教が必要だ。

---

170. シュテルマー　Störmer (H.L.)

1949 ～。(1998 (2/3))。

ドイツ。物理学者。1998年、コロンビア大学教授。

　（140）クリッツィング（K.von）。が1980年代に発展させた「量子ホール効果」を（171）ツイ（D.C.）とともに実験を重ね。1982年、低温・強磁場では（140）クリッツィングが発見した段階以上のホー

ル抵抗が存在することを確認した。電子が1/3。1/5などの電荷の「ずれ」については、1983年（169）ラフリンにより、準粒子としてふるまう「量子流体」の状態になったからであるという理論的説明が与えられた。内部構造や動力学に新たな理論的概念をもたらした。「ニッチ効果」（壁面凹部体）である。生態的地位にも転位は2次・3次現象であり、次官・補佐官・副長等は増加する。物理は準位となる。

171. ツイ　Tsui（D.C.）

1939〜。中国生（1998（3/3））

アメリカ。物理学者。1982年、プリンストン大学教授。

（140）クリッツィング（K.V.）の「量子ホール効果」の発展。(170) シュテルマー（H.L.）とともに実験を重ね、1982年、低温・強磁場において（140）クリッツィングが発見したものよりさらに多い段階が存在することを発見した。

　この説明は新しい種類「ニッチ効果」と壁面凹部体である。地球最外層・地殻平衡説の凹部発生は、他の圧力変化などで地震源となるからである。三重点と1つの物質の気相、液相、固相が同時に共有し、熱平衡にある状態。

　この計測が実現すれば、地震の一部分の予測も可能となり、新しい課題である。

　また。新しい空間を想定し計測を逆算すれば三重点の位相を想定できる。

　「$mc^2 = E$」を分解し、「気相（圧力）・液相（時間）・固相（好機）」の「place・time・occasion」と転移できる。

・地震源研究。「地球表面のニッチ」探求。(171) ツイ (170) シュテルマー (169) ラフリン（ニッチ）3名同時（1998年）1/3・2/3・

3/3発見。なぜ三要素に拘(こだわ)るのか。どんな多様な形体でも三角形に分析できるからで、ある面毎に分析解決し連続は有効であり、共振・共鳴は伝播する。(1) ピタゴラス参照。

172. フェルトマン　Veltman (M.J.G.)
1931～。(1999 (1/2))
オランダ。ミシガン大学名誉教授。

1969年から (173) ト・ホーフト (G.) とともに自然界に働く力を統一する理論研究。自然界に存在する四つの力（強い核力・電磁力・弱い核力・重力）のうち、電磁気力（電磁相互作用）と弱い相互作用を統一する (129)(128)（ワインバーグ＝サラム）の統一理論が「くりこみ可能性」（くりこみ（次々ととりいれる呼吸理論）理論を備えていることを1971年証明。さらに時空間の次元をずらす「次元正則化」の理論も確立した。これは素粒子発展に貢献。・前進国の開発グラフと開発国の日常グラフ曲線差発生。統計学差。(215) 土井棟治朗参照。(6) シンガー (I.M.) 参照。

クローン Coulomb (C.A.) 1736～1806。フランス。物理学者。
火打石の火花は静電気・摩擦電気であるが、紀元前から知られていても理解できなかった。18世紀後半。クローン (C.A.) により定量的研究から電磁気学の発展となった。雷、セントエルモの火も天然現象だ。時間的に変化しない電荷と分布に伴う電気現象をいう。電流を扱う動電気に対する用語。船のマスト先や教会塔先端が燃えるように見える青紫色光（オーロラ）もそうだ。山岳地帯で現われる。船マスト先の青紫色を聖なる火と呼んだ。エルモは船乗守護神エラスムス。昼間は火は見えず音だけ聞える。塗装。集塵（ジン）、静電転写など。高電圧は放電引火。感電など火災因。小児のカミの髪の毛も糸になる。

宇宙も地上も磁界の空間と磁場の拠点で成立であり相対で相補だ単独では不確定。試合を応援する人々の挙動は発散そのものだ。それだけ労働の重圧に耐えた時間の反動と見る。日本人は集団を好む。国が狭いからだ。派閥とするが特性は曖昧模糊である。東洋で火打石効果は屋根先端に鬼瓦と転移された。

173. ト・ホーフト　t Hooft (G.)
1946 〜。(1999 (2/2))
オランダ。物理学者。1977年ユトレヒト大学教授。

　1969年当時、(172) フェルトマン (M.J.G.) のもとで自然界に働く力の統一理論研究。無限大から有限な量を抜き出して計算できる「くりこみ可能性」(くりこみ理論) を備えていることを数学的に証明した。相互作用を媒介するW粒子とZ粒子の構造解明、素粒子論研究に貢献。
　自然現象の飽和は存在しない。それが自然。拮抗も人間が考えに考えた手段にすぎない。意識の充実を要求する人間の欲望の一種。無限とは人間の知らない不明な事象で、他現象に侵害されて消滅。剰余の価値と (6) マルクス (1818 〜 1883) は示唆した。科学の限界だ。高温実験は人間に不能。自然は天体で実効。冷却は追求。否定できないからだ。この要求は短命な人間の宿命である。自然のスケールは巨大だ。人間スケールの思考では無理。中間スケールの存在追求となる。人間界の粒子と宇宙の粒子とは差があるからとなる。その探求が未来だ。(186) グロス (D.J.) 参照。
　宇宙に「ダークマター (暗黒物質)」も考えられ昔の人々は考えなかた。冥界は無限だった。

174. アルフェロフ Alferov (Z.)

1930 〜。ロシア。(2000 (1/3))

物理学者。レーニングラード工科大学教授。

　半導体不純物の研究。半導体レーザーや太陽電池、エピタキシャル技術などの開発は、その後のヘテロ構造（組成元素が異なる固体を分子線エピタクシーなどの技術で接合をいう）の研究を手がけ、物理学とエレクトロニクス（電子工学）の展開につながった。(176) クレーマー (H.) と共同でオプトエレクトロニクス（光学と電子工学の境界領域を包括する技師分野で理工学の中で広範な広がりを持つ。基本はレーザー・光導波・空間的光制御・素子製作材料などの技術等。応用は光通信・光ディスク・光コンピュータ等で計測・加工・医療・学術・産業とあらゆる分野にまたがる）は集積回路発明へとなり情報処理産業となった。情報の獲得・記録・整理・検索・表示・配布・読了などの取り扱い。つまり、情報に正誤なく優劣はあるとなる。判断資料は無数発生し知識なくとも選択だけは可能となる。タッチ操作で、知識の機械化であり「AI」がその背景となる。意識が光信号と電気信号で変換・処理の光速化である。知識なくとも選出は可能。タッチパネル社会となりつつあり、正誤も消滅。社会そのものが半導体社会であり、電子雲状態である。(48) ディラック (P.A.M.) 参照。

　2022年ロシアでは私設軍隊発生。その後消滅。アメリカでは私設刑務所が政府から内容契約で実施、死刑は廃止された。病名複数発生は症候群（シンドローム・syndrome）という。既設の不適は多くなった。新しくとは改良が主役に転移しつつある。(186) グロス (D.J.) 参照。

175. キルビー　Kilby（J.）

1923～2005。アメリカ。（2000（2/3））

電子技術者。テキサス農工大学特別教授。

　1958年、半導体基板上にトランジスタ・抵抗器・コンデンサーを組み込んだ「集積回路アイデア」を形にした。マイクロエレクトロニクス・コンピュータ社会の基礎を築いた。

　コンピュータはヘテロ構造・集積回路・オプトエレクトロニクスの展開で発展したのである。(67)ノイマンの意識は注意の在庫であり、それを集中のフィルターで選別されたのが判断と命令すると、ゲーム論を提唱した。脳活動の機械化である。項目を紙テープに穴をあけ、電気信号と転移活用はモールス符号であり、穴を数字に置換し電子速で処理がコンピューターと計算機である。「IC」集積回路である。

　(83)ポントリャーギンは、人間最大値理論を提唱（最強値ではない）。多様な内容を比較の篩(ふるい)にかけて選別するフィルタリングで確率を制御は最大値と設定の確率論を設定し、資料の蓄積と正確性が求められる。「AI」人工知能である。これらの変化を加令年代に転移は(62)エリクソンであり「モラトリアム（自己満足）」とした。

176. クレーマー　kroemer（H）

1928～。（2000（3/3））

ドイツ生。アメリカ。物理学者。1966年。社職員。

　1950年頃、今日でいうヘテロ構造（組成元素が異なる固体を「分子線エピタクシー技術で接合すること。その接合体をヘテロ構造とい

う。異種接合ともいう）をバイポーラ半導体などの半導体素子に取り組むことにより、非常に高い効率の素子が実現できることを提唱。ダブル・ヘテロ構造レーザーを開発。これはその後、半導体レーザーの分野で中心概念となった。1968年、コロラド大学物理学教授に就任。分子線エピタクシー法でパイオニア的研究を行い、ケイ素の上にガリウムリンや、ガリウムヒ素の結晶を形成させた。(174) アリフェロフ（Z）と共同で高速エレクトロニクス及びオプトエレクトロニクス（光学と電子工学の境界領域を包括技術）のレーザー出現で急速発展の分野で広範が期待される。光コンピュータ等。「モラトリアム（猶予期間）」の消滅である。(62) エリクソン参照

(176)
　半導体。

(1) 元素周期表に半導体元素は12ヶある。(2) 金属と非金属の境にある。(3) 特別な状態でしか半導体の性質を示さないものもある。(4) 半導体は2種以上からなる化合半導体も多数存在する。
5) 真性半導体は電子が追い出され穴を残す。ドーピングと穴をとび出し、穴を残す。又、数が増えると戻り電流を通し戻す。P型となる。(48) ディラック（P.A.M.）参照。
6) n型半導体はあまった電子は動き回る。
7) p型半導体は正孔が移動する。戻るもする。
8) p型とn型の隣のシリコン結晶は9) ダイオード」という電気を一方向にしか通さなさい素子になる。真空管に代りダイオードやトランジスター等の電子部品に広く応用される。
10) シリコン（silicone・珪素の意。ケイ素と酸素の結合化合体。1945年、半導体の増幅を作られた。
11) 1920年代の鉱石ラジオの電流一方向流が判り鉱石ラジオのヘッドホンで音声が聴けた。それが多様な実験で今日の半導体産業と発展した。

12) シリコンの性質は1世紀近く昔から知られていた。
13) もとはラジオ検波器だったが、今は貴石とアクセサリーだ。
14) マイクロチップ（小集積回路）の出生は「砂」である。砂はシリコンと酸素の化合物であり、精製して造る。

177. コーネル Cornell (E.A.)

1961～。アメリカ。（2001 (1/3)）

物理学者。1992年からコロラド大学上級研究員。

　レーザーでとらえた原子を、光で原子の動きを止めるのに成功した。1995年。コロラド大学とNISTが共同で運営している天体物理学共同研究所で（178）ワイマン（C.E.）とともに磁気とレーザー（光の周波数の領域で単色性にすぐれ、干渉性のよい電磁波を発振する装置。通信、測量、分光学。生物・医学・溶接などに使われる。1958年理論的に提唱、1960年実現された）でとらえた原子を絶対零度（－273.15℃）近くまで下げるを開始。光で原子を止めるレーザー冷却と温度の高い原子を追い出す蒸気冷却を組み合せて、原子を絶対温度で20nK（ナノケルビン（1nK＝10億分の1K）まで冷やしすべての原子を最低エネルギー状態に落し込むボース＝（34）アインシュタイン凝縮の実現に初めて成功した。アルカリ気体原子のBE凝縮の実現とその性質の基礎的研究に功績をあげた。

　原子間顕微鏡の発展につながる（141）ビニヒ（G.）参照。

178. ワイマン　Wieman (C.E.)

1951〜。アメリカ。(2001 (2/3))

物理学者。1987年、コロラド大学教授。

1995年。(177) コーネル (E.A.) とともに、磁気とレーザーでとらえた原子の動きを止めるのに成功した。「ボース＝(34) アインシュタイン凝縮」である。それは、ボース統計（同じ粒子からなる系）でスピンが整数値をとるとき、その波数関数は2つの粒子の交換に対して不変、粒子数はゼロから無限大まで任意の値をとりうるを、ボース＝アインシュタイン統計に従うという）光子、ヘリウム4などはこの例である。

1995年、(177) コーネル (E.A.) とワイマン (C.E.) がレーザー光で原子の動きを止めるのに成功した時、マサチューセッツ工科大学でも (179) ケターレ (W.) がナトリウムの原子を「ボース＝アインシュタイン凝縮 (BE 凝縮)」の状態をつくることに成功した。

また、(99) ファインマン (R.P.) (1918〜1988) は経路積分の方法で場の量子論に新しい定式化を与え「光子は電子と交換される」とした。

この実証となる。等価性原理から分子線接合で交換。

---

179. ケターレ　Ketterle (W.)

1957〜。(2001 (3/3))

ドイツ。物理学者。1997年マサチューセッツ工科大学教授。

1995年、レーザー冷却、蒸気冷却などを使って、ナトリウムの原子を絶対零度近くまでひやし、すべての原子を最低エネルギー状態に

落と込む「ボース＝（34）アインシュタイン凝縮（BE凝縮）の状態をつくることに成功した。さらにBE凝縮状態にある数十万個の原子の固まりをパルス状に発射する「原子レーザー」ともいえる現象をつくりだし、BE凝縮状態にある原子の固まりは位相のそろった波の性質をもっていることを示した。アルカリ気体原子のBE凝縮の実現とその性質の基礎的研究が評価された。高温実験は地上では不能、人間の限界でもある。天体の星々は高温実験と、太陽から遠くはなれた星々は低温実験中となる、人工衛星で電波望遠鏡の資料分析は新しい科学の世界となるか、今後の課題となる。

- ケタール（179）
- コーネル（177） ｝ レーザーメスの応用になった。
- ワイマン（178）
- レーザー通信。
- レーザー兵器（光線）現実に爆弾をスマホ化し、目的地へ自動化も使用されている。
- 固体レーザー。
- 気体レーザー。
- 液体レーザー etc
- 加工用。手術用！

180. デービス Davis (R.J.)

1914～2006。(2002 (1/3))

アメリカ。物理学者。1985年、ペンシルバニア大学教授。

相互作用（素粒子の相互作用）の小さな素粒子。ニュートリノの研究で知られる）。1950年黒鉛研究炉でできるニュートリノとタンクに満たした四塩化炭素中の塩素が反応してアルゴンになるを発見。この

分野の研究に乗り出した。1967年太陽内部の核反応でできるニュートリノを測定できることに気づき、サウスダコタ州のホームステーク鉱山の地下1500mに設置した600tの四塩化エチレン入りタンクで1960年代後半から25年以上にわたって観測を行なった。残りはどこへいったかつきとめるべきだという「太陽ニュートリノ問題」を提唱した。現代は地球をニュートリノは通過したとわかっている。太陽からのニュートリノは毎秒100兆個も人体を貫通し反応は一生に1回程度と評価されている。(181) 小柴昌俊、(214) 梶田隆章参照。ニュートリノは電荷 0（ゼロ）と中性で相互作用が弱いからだといわれている。

181. 小柴昌俊 こしば まさとし

1926～。日本。(2002 (2/3))

物理学者。シカゴ大学研究員。1987年東京大学理学部教授。

　1975年原子核乾板を使い宇宙線の相互作用を研究。西ドイツとの共同実験でグルーオン（中間子やバリオンなど強い相互作用をする粒子）の発見。岐阜県飛驒市神岡の鉱山地下1000mに設置の素粒子観測装置。カミオカンデを建設。1987年大マゼラン雲の超新星1987Aからニュートリノがとらえられた。その後、太陽ニュートリノの検出にも成功し、ニュートリノ天文学の礎を築いた。ニュートリノに電荷 0（ゼロ）、中性微子で質量は非常に小さく観測は難かしい。1931年 (58) パウリ (W)、(1900～1958) が β 崩壊に伴うエネルギー消失現象をニュートリノを導入し説明、存在が実験的に確認は1950年 (161) ライネス (F.) (1918～1998) が実験施設で400 l（リットル）の満水タンクを通過の際、相互作用で放出の光子フォトンを観測し、粒子の存在を立証した。確認が遅れたのは、ニュートリノが電気的に中性で素粒子の相互作用が弱いからである。

ライネスらの実験結果によれば、地球に突入したニュートリノがほかの粒子と反応する確率は1兆分の1以下で、ほとんど全部が反対側の地点から飛び出し、また、太陽からのニュートリノは毎秒100兆個も人体を貫通するが、反応を起こすのは一生に1回程度と評価されている。1942年、坂田昌一、谷川安孝は中間子論でニュートリノは2種類あると仮定したが、1962年ブルックヘブン研究所で実証された。今日は3種類あることがわかっている。1956年、(78) 楊振寧と (79) 李政道は弱い相互作用では物理現象が左右非対称（パリティ非保存）の理論を提唱。電子ニュートリノも左巻きと右巻きだけであることが実験で観測され理論を実証している。1963年坂田牧二郎と中川昌美は種類の異なるニュートリノは0（ゼロ）ではない異なる質量をもち、結果として相互に移り合うと「ニュートリノ振動」をすると予測した。1998年、(214) 梶田隆章が「スーパーカミオカンデ」で「ニュートリノ振動」を発見。振動を決める原理、理論にかかわることは解明されていない。

182. ジャコーニ　Giacconi (R.)

1931～。イタリア生れ (2002 (3/3))

アメリカ。天体物理学者。1999年、ジョンズ・ホプキンズ大学宇宙望遠鏡科学研究所所長。

　1959年、大気で吸収され地上でははかれない宇宙X線の研究に着手、1962年ロケットで打ち上げた観測装置でさそり座方向に太陽系外として初めての強いX線源を確認。1970年の長時間にわたり観測ができるX線観測衛星「ウフル（スワヒリ語で自由の意）、1978年X線観測器を積んだ衛星、1999年のチャンドラーX線観測用衛星の打ち上げに貢献した。X線観測衛星は中性子星やブラックホールを含む

二重星（近接して見える2個あるいはそれ以上の恒星）等の研究。

　活動銀河、クエーサー（赤方偏移の輝線を示す特異な天体、約3000個）といった天体がX線源であることを確認した。銀河や星の活動や起源を調べる重要なデータを提供し続けている。天体物理学への先駆的貢献である。

---

183. アブリコソフ　Abrikosov (A.A.)
1928～。(2003 (1/3))
ロシア。物理学者。アメリカの1991年からアルゴンヌ国立研究所員。

　1957年に、常伝導状態と超伝導状態が混在している「磁束渦糸」状態があり、しかもそのときの磁束は一定値の倍数をとること（磁束量子化現象）を発見。これらの超伝導物質と磁場との関係を解明した。これらの現象は人間社会現と類似であり、物理物体ととらえることができる。1789～1799のフランス革命で、集団は社会主義（民衆から有能台頭の集団主義）と、選挙選出の（民主主義と数理のフィルタリング）と転移できる。(151) ラムゼー記載。ラッセル（1872～1970）哲学者は、数学論理の[1]「無限の公理」・[2]「選出の公理」・[3]「還元の公理」等は数学公理と人間社会に転移した。日本人にこの発想はない。経済理論や思考の対応も磁束量子化現象である。

　社会現象の磁束量子化現象は多い。法廷現象もその一種で、集団意識と磁束渦糸態の磁場と磁界が各集団毎に定理混在であるからだ。共振・共鳴の存在を知りながら独走の現実である。評論は多いが、原理と応用は、どこの国からもない。(7) レントゲン（W.C.）・(11) デューイ（J.）・(36) ミリカン（R.A.）参照。

　(4) リンカーン（A.）はいった。人間は強い人と弱い人、賢い人と愚かな人、善い人と悪い人がいる。相補の尊重の立場が必要となるからだ。

184. ギンツブルグ　Ginzburg (V.L.)

（2003（2/3））

1916 ～ 2009。ロシア。理論物理学者。ゴーリキー大学教授。

ソビエト連邦時代水素爆弾開発。1948年からリチウムを素材とする水爆の設計アイデアを提出した。2003年（90）ランダウとともにつくりあげた（184）ギンツブルグ・（90）ランダウ理論（超伝導現象論）についての業績がある。（160）ブロックハウス（B.N.）参照。

プラズマ（高温加熱又は電気的衝撃などで正、負の荷電粒子に乖離（かいり）された電離気体）中での電波の伝搬、その現象の宇宙物理への応用。宇宙線の起源の解明など幅広い理論的な研究を行った。

オーロラ（aurora）極地方の夜空を彩る美しい光もプラズマの一種。（165）オシェロフ（D.D.）参照。太陽活動の活発なときに多い。北海道でも年に1回は現れる。（104）アルベーン（H.O.G.）参照。

オーロラは高度90 ～ 130km。色は高さによって異なる。高いの暗赤色、低いのは赤白色や紫色。明るさは満月程度もある。孤状、帯状、幕状、コロナ状、線状など多様。静動もあり、太陽から飛来の電荷粒子が極地大気圏に突入で発生と考えられるが、まだ解明されていない。

185. レゲット　Leggett (A.J.)

1938 ～。（2003（3/3））

イギリス。物理学者。1983年、イリノイ大学教授。

1960、1970年代には京都大学、東京大学でも研究した。

1970年代に、極低温下で液体ヘリウム3の粘性がなくなり超流動化

する現象を、新しい方程式（レゲット方程式）で解明した。

　液体ヘリウムは最も液化しにくい気体である。25気圧上の圧力で固体になる。それ以下ではいくら冷しても固化しない。高温側を液体ヘリウムⅠ、低温側を同Ⅱという。Ⅰは普通の液体と差はないが、Ⅱは異なり粘性のない流れ（超流動）を示す。ビーカーに入れると器壁に可動膜をつくりはい上がり、器口を越えて低いほうへ流れる。超流動ヘリウム3。同4とある。低温側から高温側へ流れ込む噴水効果などがある。二流体理論は超流動ヘリウム4の諸現象に有効である。ヘリウムは水素に次いで軽く、不燃性で気球用ガス。化学的には安定で化合物をつくらない。酸素に混ぜ吸入用。(163) リー（D.M.）参照。

186. グロス Gross (D.J.)

1941～。アメリカ。(2004 (1/3))

物理学者。カルフォルニア大学サンタバーバラ校物理研究所所長。

　1973年、物質を構成している最小の素粒子クォーク（quark・強い相互作用をする粒子（ハドロン）を構成する素粒子。1964年、(103)ゲル＝マン（M.）とジョージ・ツワイクにより独立に予言された）の間に働く「強い相互作用」は、クォーク間の距離が離れるほど強くなり、近づくほど弱くなって「漸近的自由」と呼ばれる状態になる。グロスは数学の枠組みを使って漸近的自由を理論的に解明し、のちの新しい理論、量子色力学の標準理論となった。この計算によって、クォークが単独で取り出せない理由が理論づけられた。(88) ホーフスタッター参照。

　ドップラー（C.J.）が1842年、波が発生の波源と、それを観測しているもののどちらか一方、あるい両方が動いていると波の振動数がずれて観測される。例、近づく救急車のサイレンは強く聞え、遠ざかる

音は低く聞こえるの逆だ。

　量子色力学とは、クォークの理論である。発見は（152）ケンドール。クォークの強い相互作用粒子（ハドロン）を記述用の提唱理論で「くりこみ可能理論」となる。「QCD」とする。量子数（赤・緑・青）を使用する3色クォークと仮定し、電磁場から色に作用の場のゲージ理論の枠組みで導入される。このとき現れるゲージボソンをグルーオンといい、8種類存在する。（103）ゲル・マン（M.）参照。グルーオン間にも相互作用がある特徴である。交換による力が反クォークを結びつけ中間子を形成、3体のクォークを結合しバリオンをつくるとみなされている。完全な証明はないが説明はつくとする。民主主義も数理のフィルタリングである。数学とは[1]無限・[2]選出・[3]還元の三要素から構成で、その意識を人間は応用で磁束渦糸態の磁場と磁界の転移である。（183）アブリコソフ参照。証明はないが説明つくとする。また、学術ではないが、現象と現場の論理が優勢で決定の論理も多くなった。「AI」・「IC」・「CD」などの現象となる。

187. ポリツァー Plitzer（H.D.）
1949～。（2004（2/3））
アメリカ。物理学者。1975年カルフォルニア工科大学教授。

　物質を構成している最小の素粒子「クォーク」間に働く「強い相互作用」は、クォーク間の距離が離れるほど強くなり、近づくほど弱くなって「漸近的自由」と呼ばれる状態になる。1973年、ポリツァーは数学の枠組みを使って漸近的自由を理論的に解明した。この計算によって、クォークが単独で取り出せないことが理論づけられた。のちの新しい理論、量子色力学の標準理論となった。

　量子色力学とは、クォークから強い相互作用をする粒子（ハドロ

ン）を構成し、力学を記述するために提唱されたくりこみ可能な場の理論。色と名づけられた量子数（赤・青・緑）を導入し、異なる色をもつ3組のクォークが存在すると仮定。電荷に作用する電磁場から類推して、色に作用する力の場がゲージ理論の枠組みで導入される、三原色理論の転置となる。交通信号機色。クォークやグルーオンは単独に存在できない性質を色の閉じ込めの性質と等価性の期待されているが、完全な証明はない。電磁力の見えないを見える色に転移は何か、課題である。量子物理学とは見えないものを見えるようにする学術であるからだ。

188. ウィルチェック　Wilczek (F.)

1951～（2004（3/3））

アメリカ。物理学者。2000、マサチューセッツ工科大学教授。

　1973年、ウィルチェックは数学の枠組みを使って、クォーク間に働く「強い相互作用」がクォークの距離が遠くなるほど強くなり、近づくほど弱まる「漸近的自由」と呼ばれる状態を理論的に解明した。この計算によって、クォークが単独で取り出せない（距離が遠くなると強力化）理由が理論づけられた。

1　クォークは1964年提唱（カルフォルニア工科大チーム）。
2　1975年陽子・中性子内部に硬い点状芯観察。
　　（1990（1/3））
3　（クォークと結論）（フルードマン・ケンドール）
4　クォーク（2004）の漸近的自由と理論的解明。（186）グロス。（187）ポリッツァー。（188）ウィルチェック。参照。

189. グラウバー Glauber (R.J.)

1925〜。(2005 (1/3))

アメリカ。物理学者。1952年ハーバード大学教授。

　1963年レーザー（光の周波数の領域で単色性にすぐれ、干渉性のよい電磁波を発振する装置）でつくられる位相がそろったコヒーレント光（干渉可能な光。代表的はレーザーであるが、ナトリウムランプなどもコヒーレンス時間きれいさをそこなう要因度合がコヒーレンスで可干渉性の光をコヒーレント光という、（広さという）の量子力学的な理論の構築に成功した。力学で「広さ」を示すことは難しい。
　光を粒子（光子・photon）と波（wave）の両方の性質をもつものととらえ、位相がバラバラで干渉を起しにくい電球の光とは異なり、位相がそろっていて干渉を起こすレーザー光が特別な光子状態の重ね合わせであることを（コヒーレンス）を理論的に解明した。これは「量子光学」と呼ばれ、原子の「ボース＝（34）アインシュタイン凝縮」現象や量子テレポーテーション実験の基礎となっている。（しかし波は時間と共に相互作用で消滅、最初の波紋は見える。粒子は時間と共に増える。これが基本的な違いである）波は直線に沿って伝わり、光の場合は光線となる。

190. ヘンシュ Hänsch (T.W.)

「2005 (2/3)」。1941〜。ドイツ。

物理学者。1986年ミュンヘン大学教授。

　2000年レーザーでつくられるコヒーレント光の性質を最大限いか

して光周波数コム（櫛の意味）という技術を考案・開発。1000兆分の1（15桁）の高精度で光の周波数を決めることに成功した。同等に開発した（191）ホール（J.L.）とともに受賞した。光（周波数）の物体化で、新相補体の応用。閃きとは予想で、2次、3次が群論の結晶化となる。

　現代の最先端物理研究は、地上で太陽エネルギーの創造である。世界中の科学者はこれを目指し日夜努力している。2024年3月4日、TVで「中国とロシアは共同で月面に原子力発電所の建設を計画している。作業は人間ロボットで地球からの送信で行う」とあった。中国の科学者は月の地球から見えない裏側を調査中といっていたことの背景が具体化された。地球表面下に立体空間があり、地震の原因とされるが、月の表面に立体物体構築と「コム（櫛）」の実現だ。「月見ダンゴ」の時代は終了したことになる。
　地球上の実験不能を宇宙間で実施と転移時代の創始となる。

191. ホール　Hall（J.L.）

1934～。アメリカ。（2005（3/3））

物理学者。1962年、アメリカ国立標準技術研究所入所。

　2000年までに光速の精密測定のためにレーザー光の周波数を安定させる技術開発に取り組んだ。レーザーでつくられるコヒーレント光の性質を最大限いかして光周波数コム（櫛の意味）という技術を開発、高精度1000兆分の1（15桁）の周波数を決めることに成功した。

　（189）グラウバー（R.J.）は理論。コヒーレント光。

（190）ヘンシュ（T.W.）は実験。コヒーレント光実験。
（191）ホール（J.L.）も実験である。コヒーレント光実験。
コヒーレント光とコムの登場は新時代を発生。

実験するときは、変化しない物体と実験体を並置し実行するとよい。少しづつ何が変化するか写真で記録するとよく判る。時間も必要。

192. マザー　Mather（J.C.）
1946 ～。アメリカ。（2006（1/2））
物理学者。

アメリカ航空宇宙局NASAのゴタート宇宙研究に入り、1976年から宇宙飛行センターに移り、上席宇宙物理学者として勤めた。（193）スムート（G.F.）とともに宇宙背景放射探査衛星COBEを開発、1989年に打ち上げられ、宇宙を満たしているマイクロ波を測定した。観測データにより宇宙は少なくとも100億年以上前に始まったという「ビッグバン説」が裏づけられた。宇宙変化論は1929年、ハップル（B.P.）が銀河スペクトル（分光）から赤方偏移と「宇宙膨張論。ガモフ（G.）・（1904～1968）は、原子核の液滴モデルのα崩壊・β崩壊から「ビッグバン説」を提唱。1964年、（124）ウィルソン（R.W.）1936～。は、（126）ペンジアス（A.）とともにアンテナ開発中に宇宙空間の微弱なマイクロはから「ビッグバン説」の証拠と発見した。膨張宇宙、元素の存在比、宇宙背景放射などが証拠とされる。また、現在の宇宙にはニュートリノが充満していると予言もある。今後、初期宇宙の痕跡はさらにハローワーク発見されると考えられ約150億年位前とされる。

193. スムート　Smoot (G.F.)

1945 ～。アメリカ。(2006 (2/2))

物理学者。

　アメリカ航空宇宙局NASAのプロジェクトに携わり、宇宙背景放射探査衛星COBEを(192)マザー(J.C.)とともに開発した。同衛星は1989年に打ち上げられ、電波望遠鏡マイクロ波を測定した。宇宙ができる初期に形成されたとみられ、宇宙は少なくとも100億年以上前に高温高密度の状態から始まったという「ビッグバン説」が裏づけられた。さらに、現在の宇宙の構造の種も当時から仕込まれていたことが示された。宇宙の進化をめぐる理論。

　ビッグバン(大爆発)説によれば、宇宙は極度に凝縮された原初の状態から急激に膨張し、密度と温度が大幅に低下、その直後、陽子崩壊を伴うプロセスにより、今日観察される物質の反物質(反粒子から成る仮想の物質)に対する優位が確定した。それから各種の素粒子が出現したと考えられる。冷却が進み原子核が形成。水素、ヘリウム、リチウムが生れたとされる。宇宙背景放射も、その名残りとなる。(136)チャンドラセカール。(137)ファウラー参照。

　(124)ウイルソン(R.W.)参照。

194. グリュンベルク　Grünbeg (P.)

1939 ～。(2007 (1/2))

チェコスロバキァ。ドイツ。物理学者。

ユーリヒ固体物理学研究所教授。

　1988年、強磁性の金属と非磁性金属を重ねた三層構造（鉄・クロム・鉄）の膜が、抵抗が1％ほど変化するを発見。金属多層膜の磁場で電気抵抗が大きく変化の巨大磁気抵抗効果の発見。磁気ディスクの読み取りヘッドの実現など、エレクトロニクス分野の発展に貢献した。

195. フェール　Fert (A.)

1938 ～。フランス。(2007 (2/2))

物理学者。1976年パリ南大学教授。

　1988年鉄とクロムの薄い層を交互に積層させた物質を零下約269℃の低温にして磁場をかけると、電気抵抗が半分になることを発見。この現象を巨大磁気抵抗効果GMRと名づけて論文を発表。磁気デスクの読み取りヘッドの実現などの進展となる。(13) キュリー点ともいう。ホール（E.H.）1855 ～ 1938。1879年「ホール効果」発見。

　電流・磁界の電場を実験改善はその後続く。

　(140) クリッツィング（K.von.）は、微細構造定数を決定。

　(169) ラフリン（R.B.）は、準粒子で流子流体と「ニッチ」創始。

　(170) シュテルマー（H.L.）は、「量子流体」と理論的説明。

　(171) ツイ（D.C.）は、クリッツィングの発見より多い段階の存在を発見。物質の一般的な内部構造や動力学に新たな理論的概念をもた

らした。
　(194) グリュンベルク（P.）は、三層構造（鉄・クロム・鉄）の模が、抵抗が1％ほど変化を発見。
　(195) フェール（A.）は1988年、鉄とクロムの薄い層を交互に積層で低温の磁場で抵抗が半分を発見。等々。
　原理も多層重積へ転移は人間社会も同様、制度・機構・意識も同時と動態になった。症候群（syndrome）の発生となり、過去の体験は不用、内容不明でもタッチパネルで選出は新時代である。毎日が調教と対応となる。流されず自覚的であるべきだ。(174) アルフェロフ（Z.）参照。

196. 小林誠　こばやし　まこと

1944〜。日本。(2008 (1/3))
理論物理学者。1985年京都大学教授。

　1973年「小林・益川理論」でクォークが六つあれば「CP対称の破れ」を説明できると示した。
　1994年、アメリカで六つ目のトップクォークが発見され証拠を確認された。
　クォークの発見と
　原子の構成と近代原子論は（152）ケンドール参照。
(1) ピタゴラスは、図像の変化で焦点説は原子と原子核の潜在を意識している。(122) バンブレック（J.H.）は磁性の起源を研究した。分子場理論は化合物結合パターン理解用と発展した。人間も母性愛の起源と転置されて、物理物理学となる。言語では環境に適応は残り不適消滅。作用は形で機能を造り、機能は形に従うとなる。効果は3種、(＋)・(－)・(0) となる。経験も貴重だ。日本人は台風や地震の経験

で細工と忍耐を覚えた。欧米の人々は比較で決定の社会とはズレも発生する。山の中で海の話となる。電子の応用で時間の凝縮は意識を変えつつある。デジタル社会となった。「0・ゼロ」とは現象が（＋）でも（－）でもなく中性体様。これが続くと枯枝でガン細胞と役立たなくなる。

197. 南部陽一郎　なんぶ　よういちろう
1921〜2015。(2008 (2/3))
日本生れアメリカ。理論物理学者。1958年、シカゴ大学教授。

1960年対称性の「自発的対称性の破れ」理論を提唱。これは「ヒッグス機構」(210) ヒッグスの「重い粒子（ヒッグス粒子）発想のヒントとなった。発想とはアナログとデジタルの接点といえる。自発的と安定の対称性を回避だ。変化・転移を前置は欧米文化の典型で動詞は前置。命令は主語も省略。自発と破れの並置は普通はない。客観と主観の普置で「系統樹」となるからだ。これは電磁力・弱力相互作用の統一理論の基礎となり、さらに物性物理も含む広い範囲に使われる概念となっている。その後の質量や物質の起源研究に影響を与えた。なぜそうなるのかを類似項目との並置で意識の物質化だ。1965年にはクォークが三つの色に転移の量子色力学のさきがけとなった。素粒子をひもとみる結弦と、今日の超弦理論の原点となるなど素粒子論の基礎に貢献した。この意識も日本人特有の媒介で、(63)湯川秀樹が中間子論と提唱した。動詞が前の英語に媒介はない。すぐ結果の動詞だからだ。欧米文化の特性となる。それを「自決掘」とし、日本のは「流木拾い文化」と季節で変化に転移した。「そこを絶対退くな」とこだわる。好機とは待つもの意識は強い。欧米文化は逆だ。好機とは造るもの意識で、まず考え、待つとは、「退去・相手の弱点を

見付け・そこを攻める」。3種、ポンピング（支点中心にてこ式強力化（25）ダーレン・集積回路とセット（67）ノイマン。フィルタリング（篩（ふるい））と不安は除く）（83）ポントリャーギン。子供は「よく考えて何がほしいのか決めなさい」と育てられる。この違いは大きい。環境の違いと説明されることは多い。（45）ラマンはインド人で、磁界は発散、磁場は吸収が強いと「ラマン効果」を発見した。仏教発想の土地らしい。（78）楊振寧は中国系で左右対称性を量子数と転移した。拡大な大陸性である。「南船北馬」だ。日本人や欧米人とはスケールが違う。共通は、環境に適応は残り、不適消滅となる。（6）マルクスは矛盾を分析し、剰余の価値とした。（3）オームは生存（電流）にそれらは示されるとし。（215）土井棟治朗は「相補」とした。「自発的」と独立実行の示唆は電子速の時代を象徴している。発想はスポーツだ。（150）パウル（W.）参照。

198. 益川敏英 ますかわ　としひで

1940〜。日本。（2008（3/3））

理論物理学者。2003年京都産業大学教授。

　1973年、（196）小林誠と共同研究し、当時三つ確証がなかったクォークが六つあれば「CP対称の破れ」を説明できると示した。（この現象は（130）クローニン（J.W.）と（131）フィッチ（V.L.）によって1964年に発見されたCP対称性。1994年六つ目のトップクォークがアメリカの「フェルミ国立加速器研究所のグループが証拠を確認した。

　自然の雪結晶は六角形。化学式も同様。

199. カオ Kao (C.)

1933 〜。アメリカ。(2009 (1/3))

中国生。物理学者。1996年香港中文大学学長。光デジタル技術者。

　カオは、光を吸収したり散乱したりする不純物のない溶融石英ガラスを使えばキロメートルレベルで光を送ることがことができることを理論的に示し、光ファイバー通信に使われている光ファイバー（透明なガラスやプラスチックを繊維状に細く加工した光の導波路。デジタル信号通信や光学像の伝送に使われる）通信に使われている光ファイバーの基礎をつくった。

　多数と束ねたものが、医療の胃カメラなどに利用されている。

　光速度は真空中の光速度は毎秒30万キロメートル（地球周囲7.5回まわる）。と定義されている。1m（メートル）は長さの単位で、最初は赤道から北極までの円距離の1000万分の1と定められた。新聞紙大型開示の対角線は980mm、約1mである。1875年。キロメートルは30万分の1となる。それだけ拡大されるのだ。太陽光線が地球まで届く時間は約8分27秒かかる〔14.900 ／（30×60）〈秒〉＝8.27〕距離1億4900万km。(85) セグレ (E.G.) 参照。

　光学像の伝送と電子顕微鏡のセットで医療技術発達は統計医療と転移した。意識より精密資料増となるからだ。アナログからデジタルとなる。

200. スミス　Smith (G.E.)

1930 〜。アメリカ。(2009 (2/3))

物理学者。

　1959年ベル研究所に入り1986年まで勤めた。2009年、光デジタル技術の技術開発が功績され（199）カオ（C）と（201）ボイル（W.）ととに受賞。デジタルカメラ（小型の磁気ディスクに静止画像を記録するカメラフィルム不用）の心臓部である電荷結合素子（光を電気信号に変換する素子。イメージセンサとしてビデオカメラやデジタルカメラなどに使用）CCD）を開発した。

　デジタル（digilal）とは、ある量やデータを数字列と数字として表現すること。数字集団である。対応にアナログ（analog）は、ある量やデータを物理量（電圧・電流・輝度）などで表現する。

201. ボイル　Boyle (W.)

1924 〜 2011。カナダ生。(2009 (3/3))

アメリカ。物理学者。

　1953年、ベル研究所に入り1979年に退職。ボイル（W）と（200）スミス（G.E.）はデジタルカメラ（写真フィルムを使わないカメラ）の心臓部であるCCDイメージセンサを開発したことが高く評価された。これらは光ファイバーケーブル（繊維電線）を用いて、高速・大容量の情報を伝える通信システム。ブロードバンド伝送（ネットワークでデータを送る方法。複数の変調した信号を異なる周波数帯域で同時に並行して送出する方式。雑音に強く、同軸ケブルや光ファイバー

ケーブルを用いて、毎秒、Mbps以上の高速伝送が可能。また周波数分割多重化によりデータ、音声、映像を同時に送ることができる。しかし、ハードウェアが複雑になり高価。この方式を採用したLANにはアメリカのワング・ラボラトリーズのワングネットWang Netがある。同時に多様な妨害電波も発生し、その選別がセキュリティー（安全・保安・防犯）・チェック）の発達と並置する。

（1）ピタゴラスは空を見て潜在を洞察した。(1) 見えない物を見えるようにする。磁気、重力、時間、臭気、核力は見えないがある。(2) 巨大と (3) 微細を数値化し意識に適応とセット、社会性を構成している。起承転結、喜怒哀楽も転移したが、意識と認識は変化できない。そのgap（隙間）が浮上した。補足に用具のコンピュータでシステム化（組織・制度）された。

人工の生き物で完成形はなく、欠陥・エラーの発見と改修を繰り返すことになる。観念の再生である。遺伝子は優性を目指すこの判別は不思議だ。

凸レンズ応用で屈折望遠鏡。巨大な凹レンズ用法は電波望遠鏡。電波を増幅する受信機とコンピュータのセットである。
(1) 光学顕微鏡の拡大像装置。光とレンズの合成。
(2) 位相差顕微鏡。光位相差対応。(70) ゼルニケ（F.）1938年発明。
(3) 走査トンネル顕微鏡。電子のトンネル応用。(141) ビニヒ（G.）と (143) ローラー（H.）1978年発明。
(4) 電子顕微鏡。電子線電子レンズで分解像。300万〜400万倍。(142) ルスカ（E.A.F.）1931年電子レンズ完成、1933年電子顕微鏡発明。
(5) 原子間顕微鏡研究中、発見が望まれる。

VII
現在後期

202. ガイム　Geim (A.)

1958～。(2010 (1/2)) ロシア生
オランダ。物理学者。2001年。イギリス。
マンチェスター大学教授。

　2001年グラファイト（石墨）塊の表面を粘着テープをはりつけてはがし、薄いかけらを酸化シリコン基板にはりつけ、1枚のシート状のものを光学的な方法や原子間力顕微鏡で選ぶという方法で、グラファイトから一つの原子分の厚さで2次元シート状にひろがる炭素結晶グラフェン（原子1個の厚みで六角形の格子状に並んだ炭素）強度と硬度が高く、室温でほかのいかなる物質よりも速く電子を流す）初めて分離されたのは2004年だが、理論上はそれ以前から知られていた。グラフェンを原料とする商品はぼ完全に透明であるという性質をもち、タッチ式画面や太陽電池に理想的な素材といわれ新世代半導体を形成するものとして、シリコンをしのぐ存在になることが期待された。超蓄電器、ナノスケール（143）ローラー参照。の電界効果トランジスタ、超高速光検出器などに応用された。

203. ノボセロフ　Novoselov (K.S.)

1974～。(2010 (2/2))
ロシア生、物理学者。

　ロシアとイギリスの市民権をもつ。2001年から（202）ガイム（A.）とともにイギリスのマンチェスター大学に勤務し、ロイヤル・ソサイティ研究員となる。専門はナノ構造の物理学。(「ナノ・

nano-」は単位の10^{-9}倍（10億分の1を表わす）(143) ローラー参照。炭素結晶グラフェンにゲート電圧や磁場をかけ、さまざまな物性を測定した結果、電気伝導度や熱伝導度、強度などで特徴がわかった。炭素結晶グラフェンは優れた性質をもつため、基礎・応用の両面にわたる発展が期待された。今後も発展が期待される素材である。グラフェン（graphene）は、原子1個の厚みで六角形の格子状に並ぶ炭素。強度・硬度高く、室温で他の物質よりも速く、電子を流す。

　グラファイト（石墨）と知られる結晶構造は多局構造体である、カーボンナノチューブは丸めて筒状。バッキーボールは球状。電池の理想的な素材といわれ、シリコーンをしのぐ存在と期待された。シリコーンはケイ素化合物。油状・ゴム状・樹脂状で耐熱性・耐寒性で多分野で利用されている。

204. シュミット　Schmidt (B.P.)

1967～。(2011 (1/3))

アメリカ。天文学者。2010年、オーストラリア国立大学特別教授。

　1994年、高赤方偏移超新星探査チームHZTを立ち上げ（赤方偏移）、超遠方の超新星の探査。Ia型超新星の観測から宇宙膨張率を求め、1998年、超新星16個の明るさは予想より暗く、宇宙の膨張は加速していると発見した。1998年、ローレンス・バークリー研究所の超新星宇宙論プロジェクトSCPも同様な結果を公表した。データのコンピュータ解析に携わった (206) リース（A.G.）、(205) パールムッター（S.）も同様、膨張の加速は、未来には宇宙を冷え込ませてしまうことになる。これは未知の巨大なエネルギー（ダークエネルギー）が宇宙を満たすを示唆し、正体は物理学上最大の謎といえる、膨張宇宙論は、物質と放射が高温高密度の状態があって、膨張・冷却の連続

で銀河の形成と考えられる。この考えを1940年代ガモフ（G.）（1904〜1968）の「ビッグバン説」と宇宙背景放射を予言したのである。

205. パールムッター　Perlmutter (S.)

1959〜。（2011 (2/3)）

アメリカ。物理学者。2004年カリフォルニア大学バークリー校教授。

　1988年、ローレンス・バークリー研究所で超遠方の超新星を観測する超新星宇宙論プロジェクトSCPを結成、探査を開始した。1998年、観測した超新星42個の明るさは予想より暗く、宇宙の膨張は加速していると発表した。「赤方偏移」同1998年に、オーストラリアの高赤方偏移超新星探査チームHZTも同様な結果を公表した。膨張の加速は、未来には宇宙を冷え込ませてしまうことになる。宇宙膨張論。これは未知の巨大なエネルギー（ダークエルギー）が宇宙を満たしていることを示唆し、その正体は物理学上最大の謎といえる。「ダークマター」か。電波望遠鏡効果である（157）テーラー（J.H.Jr.）参照。

　一般相対性理論とは、任意の座標系で物理方法は同形で質量とエネルギーの等価性と「みなす」の仮定だ。慣性質量と重力質量の等価原理で、重力は質量をもつ物体により周囲の空間に生じた「ひずみ」が生みだす物理的効果と表現される。一般相対性理論を電磁場にまで拡張しようとするのが現代の「統一場理論」である。ダークエネルギーの存在は「To be. or not to be」かとなる（あるか、ないのか）だ。

　ニュートンの万有引力の法則の差として、水星の近日点の移動（身近かな傷害と反作用）・「赤方偏移」となるのか。太陽の近くを通る光線の曲がりは、重い光線が出す光のスペクトルの赤方偏移と等価とするか。宇宙論は多様で縮小・静止・膨張とあり。どれも存在の証拠と理論化される。古代人は自分のすみかを宇宙の中心であった。学問・

宗教の中心と転置し哲学から物理学、天文学的と考察は近世以後である。全宇宙に拡大された。人間は階層構造と大局的に分布は等方的と宇宙原理とする。静的は1917年（34）アインシュタイン（A.）。1919年皆既日食時に太陽による電波源のエンペイを利用し太陽表面かすめる光の曲がり。光がレンズとなって曲がる現象。「重力レンズ」という。1922年フリートマン（A.）の働的見解。ハッブル（E.P.）の膨張論。高温高密度から膨張・冷却と1940年代末にガモフ（G）の$α$崩壊理論と「ビッグバン理論となった。1965年（126）ペンジアス（A.）と（124）ウイルソン（R.W.）が発見したマイクロ波（宇宙背景放射（3K背景放射）は原子核の形成に、その名残りとどめている。

206. リース　Riess（A.G.）

1969～。アメリカ。（2011（3/3））

天文学者。2006年、ジョンズ・ホプキンズ大学教授。

1994年。（204）シュミット（B.P.）が立上げた高赤方偏移超新星探査チームHZT（赤方偏移）に参加し、超遠方の超新星の探査を開始、データのコンピュータ回折で画期的な働きをした。Ia型超新星の観測から宇宙膨張率を求め、1998年、観測した超新星16個の明るさは予想より暗く、宇宙の膨張は加速していると発表した。同1998年に、ローレンス・バークリー研究所の超新星宇宙論プロジェクトSCPも同様な結果を公表した。

（204）シュミット（B.P.）のコンピューター担当。

207. アロシュ　Haroche (S.)
1944 〜。(2012 (1/2))
フランス。物理学者。2001年コレージュ・ド・フランス教授。

　2001年、向かい合った凹面鏡を超伝導体のニオブ（原子番号41。バナジウム族元素、各種合金に添加し品質を高める）で内張した超伝導共振器を開発、そこに1個の光子を閉じ込め、イオンに近い原子の状態の原子を打込むことで光の状態を「重ね合わせる」ことに成功した。これは（47）「シュレーディンガーの猫（生と死の共存）」状態をつくった。2012年、一つずつの原子や光子を巧みに操り、それらがミクロの世界の基本法則である量子力学にそってどのような性質を示すかを調べ計測する実験的方法を開発した。超電導磁石で発生の強力磁場の利用で推進力を得る新タイプの動力装置もその一つ。リニアモーターカーもその一つ。光の粒子性は、粒子でエネルギーとみなし、光子又は光量子で電子によるX線の散乱（42）コンプトン効果。主観性（現実と明示しつつある）光の状態とは波動性。光子は電磁場の量子で質量0（ゼロ）、スピン1。場の量子論で荷電粒子間でクローン引力は光子の交換で生じる。客観性（明示された）（113）デリダ（J.）はこれらを電子速を哲学の「差延・さえん」と脱構築（デコンストラクション）に認識と転移した。光の「重ね合わせる」とは、端的に光と光の間に透明樹脂を挟む、光結合器（フォトカプラ）、回路構成用。色の（＋）・（－）操作となる。
　鏡による光の重ね合わせ（106）ガボール（D.）参照。

208. ワインランド Winland (D.)

1944〜。(2012 (2/2))

アメリカ。物理学者。1975年コロラド大学ボルダー校教授。

　1975年、電磁場（電場と磁場を合せてて電磁場という）を設計してイオン（中性の原子、原子田、分子が1個が数個の電子を失うか、逆に過剰の電子で電荷状態）を並べたかたちでトラップ（わな・臭気逆流防止）する実験で、イオン同士は相互作用で重ね合せが「IC」（集積回路）実現する。(47)「シュレーディンガーの猫（生と死の共存）」状態をつくった。光の重ね合せ状態だ。レーザー光で操作すると、重ね合わせ状態をコントロールすることができた。これは量子力学的な素子（element）qbit（ビット）を並べたものと同じで、量子計算機のモデルとなる。イオン6個を並べて基本的な計算ができることを実証し、量子計算機の基礎を固めた。量子情報理論。量子力学原理の報報理論。0または1で表す従来の情報単位（ビット）に0と1の量子力学的な重ね合状態も含めた、量子ビット単位で処理することで、0の場合と1の場合の計算が同時並列で行える。具体的に音声とカラーの同時となる。量子計算機。（量子コンピューター・量子暗号などに利用）しかし、過剰か偽証には関知しない。

209. アングレール Englert (F.)

1932〜。(2013 (1/2))

ベルギー。物理学者。1964年、ブルッセル自由大学教授。

　1964年、ロバート・ブラウトと共同で論文を発表。のちに「ヒッ

グス機構」と呼ばれる理論を提唱。素粒子に質量を与える場（ヒッグス場）ができることを予言した。この考えを解く鍵となったのが(197) 南部陽一郎の1960年発表の「自発的対称性の破れ」の理論だった。1964年（210）ヒッグス（P）も「場の量子論」の研究でのちに「ヒッグス機構」と呼ばれる同様の理論を独自に提唱した。2012年、ヨーロッパ原子核研究機関が大型ハドロン衝突型加速器でヒッグス粒子の新量子が発見され「ヒッグス機構」と呼ばれた。この理論は1967年（129）ワインバーグ（S.）、1968年（128）サラム（A.）が個別に提案した「電磁相互作用と弱い相互作用の統一的」に記述するゲージ場の量子論「ワインバーグ＝サラムの理論に応用された。また(197) 南部一郎の1960年「自発的対称性の破れ」理論は「ヒッグス機構」の基礎となり広範囲に使われる概念となっている。赤ん坊は泣声、ライターは火花となる。自動車も初期は人間が押した。

210. ヒッグス Higgs (P.)

1929～。（2013（2/2））イギリス。

物理学者。エディンバラ大学教授。（84才でノーベル賞受賞）

1956年場の量子論の研究を始めた。1964年論文を発表、のちに「ヒッグス機構」と呼ばれる。相互作用を通じてすべての素粒子に質量を与える場（ヒッグス場）の存在、その場によって生じる重い粒子（ヒッグス粒子）の存在を予言した。鍵は1960年発表、(197) 南部陽一郎の「自発的対称性の破れ」理論だった。(209) アングレールも1964年にヒッグス機構を予言した。2012年、ヨーロッパ原子核研究所機関が大型ハドロン衝突型加速器でヒッグス粒子の新粒子が発見された。素粒子標準理論で最後の謎となっていたヒッグス粒子（中性でスピン「ゼロ」の有限粒子）を理論的に予言が確証は（2012 - 1964

＝48）48年後であった。大型ハドロンと多数性は、大会場の食卓で誰かがクォークを手にし動かすと他の人々も使用を開始と同様、自動車も初期始動は人間が車を押した。現代は始動のモーターがある。始動・起動も過大は機器の損傷を防備と準備体操の制御装置は必要だ。「P・T・O」は山登りの三点支持だ。あと一つは制御の自分となる。修理や油差しも必要。4点セットが現実だ。（3）オーム（G.S.）参照。

211. 赤崎勇 あかざき いさむ

1921〜。（2014（1/3））

日本。半導体科学者。2010年名城大学教授。

1970年代初めに、窒化物半導体の窒化ガリウムGaNを使い青色発光ダイオード（LED）の研究に取り組み、1970年代末に光の三原色（赤・緑・青紫）とするRGB系使用。青色LEDの実現は不可能とされていたが、1986年に高品質なGaN結晶作製。1989年世界初の青色LEDが実現した。1993年実用化、青色半導体レーザーも開発され、大容量の光学記録機器に役立つも証明。青色LEDは白色LED照明の開発も可能にした。赤・緑・青の組合せた白色LEDは高性能で多目的な照明に使用、省エネルギー、環境保全に役立っている。

色を合成は白色となる。（32）シュタルク（J.）参照。波頭が白いのも同様。波高1/7は白色と分析されている。

212. 天野浩 あまの　ひろし
1960 〜。(2014 (2/3))

日本、半導体科学者。2010年名古屋大学大学院工学研究科教授。

　(211) 赤崎勇の指導のもと、窒化物半導体の窒化ガリウムGaNを使い青色発光ダイオード（LED）の開発に携わった。低温堆積バッファ層技術の着想・開発に貢献し、1986年に高品質なGaN結晶作製。1989年世界初の青色LEDが実現した。1993年実用化、青色半導体レーザーも開発され、大容量の光学記録機器に役立つも証明。さらに、青色LEDの実現は白色LEDの開発も可能にした。光の三原色の赤・緑・青の組合せた白色LEDは高性能で多目的な照明に使用、省エネルギー、環境保全に役立っている。波頭の色で判別できる。

　低温体積バッファ層技術は、(26) カマーリング・オネス（H.）(1853 〜 1926)が1911年に発見した低温物理学の「超伝導」現象の転移である。実用化の例はリニアモーターカーであり、レールの上を車体を浮かして走り特速500k/mで走れる。

213. 中村修二 なかむら　しうじ
1954 〜。(2014 (3/3))

日本。半導体科学者。2000年カルフォルニア大学サンタバーバラ校教授。

　1989年から青色発光ダイオードLEDの研究・開発に従事。窒化ガリウムGaN系の半導体に取り組み、1992年、P型のGaN、インジウム窒化ガリウムInGaNの製造に成功、1993年に従来よりも100倍明るく光る高輝度青色LEDの製品を発表、驚きをもって迎えられた。

緑色LEDも開発。1995年、青色半導体レーザーの開発に成功し、1999年製品化された。1999年、日亜化学工業を退社。2000年、アメリカ国籍を取得した。2001年に発明の特許権と対価をめぐり日亜化学と争い、のちに和解したが、日本企業の従事員への報酬のあり方に一石を投じた。日本の流本拾い無意識文化で使っていいか悪いかを決めるのと、欧米のすべて自穴掘で自己意識文化との差である。形式の模倣はするが、意識文化は別とする、環境に適応は残り、不適消滅が現実であることは事実である。具体的にニューヨーク沖にある「自由の女神像」はフランスのエッフェル設計案が当選、契約は工費20%を出すがあとは観光費の権利でまかなうとなった。投資の発生であり、期限は30年。効果は成功した。日本人にこの意識は無い。流木拾文化の欠点である。環境とは造るものとアメリカ意識。(85)セグレ参照。

214. 梶田隆章　かじた　たかあき

1959～。(2015(1/2))日本。
埼玉大学、東京大学院。(181)小柴昌俊に師事。

1987年、岐阜県の神岡研究施設で(181)小柴昌俊は超新星爆発で発生したニュートリノをとらえた。施設を改良し1998年にスーパーカミオカンデでとらえたニュートリノ振動軌跡を梶田隆章が発見し、太陽で発生しているニュートリノの地上での観測量がなぜか予想の3分の1程度なのかの疑問も、ニュートリノ振動によって解決した。1931年(58)パウリがニュートリノを仮定的に導入し、存在が実験的に確認されたのは、1950年(161)ライネスである。(180)デービス(R.Jr)は1967年、ホームステーク鉱山の地下1500mに600tの四塩化エチレン入タンクで25年以上もニートリノを測定、結果、

ニュートリノの利用は予想の3分の1程度で残りは？　とした。梶田隆章は神岡鉱山の地下1000mに円筒形タンクに3000t壁に素粒子通過時発光板を取付け素光電子増倍管で捕え、素粒子の軌道やエネルギーを抽出することができた。(181)小柴昌俊参照。

※ 215. 土井棟治朗　どい　とうじろう

1933〜。日本。

(supplment phase curve)

(172) フェルトマン参照。「土井・相補曲線」提唱。

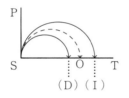

S：出発 start　　　I：先進国 innovative

P：場所 place　　　O：好機 occasion・平均 mean

T：時間 time　　　D：開発国 development

　立体は系統樹。適応・段階・血縁で2重螺旋の遺伝情報「DNA」と発想とは、拮抗・群論・相補の意識から認識となる。スポーツでもある。(150) パウル（W.）参照。

　物体は力で破壊されて消滅。それでも変化しないのは時間であり、それを有効に扱うのが情報の判断となる。火打石の火花は静電気・摩擦電気であるが紀元前から知られても理解できなかった。18世紀後半クローン（C.A.）1736〜1806。フランス。物理学者により定量的研究から今日の電磁気学の発展となった。

　雷・セントエルモの火（マスト先や教会塔先端の青紫色発光）もそうだ。昼は火は見えず音だけ聞える。「神の声」とした。(172) フェルトマン（M.J.G.）参照。(113) デリダの「差延」（バランス回路）

「脳活・ポンピング」。自然現象は大から小へ、人間の願望は小から大へ、拮抗と接点を群論と集体、(10) ベルグソン。(67) ノイマン（集積回路）「自動・集積」自然と人間との相補態は有効と音楽・物体で構築の家屋、(62) エリクソン「(自己満足)・足動・進退」現代は科学と転移した。(44) ド・ブロイ参照。(29) ブラッグ(S.W.L.) 参照。利便と長寿をもたらしてくれた、接続と。現場で相補とは「段取り」という、準備のことだ。出来れば一人前、次に取り組む内容を知るか否かだ。(105) ネール (L.E.F.) 参照。

(59) ブリッシマンは操作主義を (78) 楊振寧はパリティ保存則で「パリティ計算法」と釣り合いの転移もあり、相補の発生である。平面曲線を空間曲線に転移は「らせん階段。「らせん」を並置はレオナルド・ダ・ビンチのスケッチにもあるが、「スパイラル連曲線」となる。アメリカの建築家カーン (L.I.) 1901～1974は、テキサス、フォートワスに「キンベル美術館」と再生。相補の循環である。

(35) ボーア (N.H.D.) が量子力学の解釈に導入した概念が「相補性」で、電子など微粒子運動は位置と運動量の知識必要から両者の同時測定不能（不確定性原理）を相補的と仮定、「位置・運動・時間」を相補曲線の人間の社会活動と理論的には「パイこね理論」で、1/2は活動、他の1/2は相補化の仮定である。セットは振動系で共鳴。電気や機械では共振。相補性は1895年、ヘルツ (H.R.) が発見。(22) マルコーニが通信電波と応用した。広くは (31)「プランク定数」、(34) アインシュタインの「相対性理論」も相補性である。(28) ブラッグ曲線と作用曲線もある。媒介現象。(151) ラムゼー(N.F.) 参照。

　ヘッケル (1834～1919) ドイツの生物学者は1866年、「系統樹」と生物群の比較を図示化した。現代は「量子力学と分子生物学」から、DNAの配列やアミノ酸配列の比較は原子の同位体（アイソトープ）等で年代測定は精密である。抽出方は乱数表から、等間隔やジグザク抽出もある。(25) ダレーン (N.G.) のポンピング。(42) コンプトン (A.H.) 効果の波動と粒子性相互作用であり、(44) ド・ブロイ波だ。これらをコンピュータで操作すると原図は消滅。アナログはデジタル

となり、選択は個性で決まる。正誤は消滅、優劣だけが残る。相補とは片手の指5本だ。それぞれ特性があり相互の相補で役立つ。単はだめ「パイこね変換」で可逆的である。基礎知識の重要性が浮上する。グローバル（世界的）であることだ。選出も逆算で判明、何かの転移と表示されることになる。(62)エリクソンと併置は、より理解は深まる。「自己満足」だ。モーメントと能率・巻貝の殻のようにくるくると巻いている螺旋（らせんの階段値・効果などは雰囲気性となり、背景にコンピュータの存在で心理的安静となる。環境に適応は残り、不適消滅が原則と物理物理学の発生といわれる。「IC」・「AI」も利便性の有効は他者にも有り、常に最新を目指すと応用される事だ。用具の優秀は狙われる。日本庭園の「ししおどし」は発振器である。電子は知らなかった。ゆっくりと水をため、スイッチ操作で急に放出は半導体現象だ。時間を凝縮で可能。これを理論化と転移は(76)・(109)バーディーン(J.)らの「BCS理論」となった。(149)デーメルト(H.G.)参照。日本人にもpotential・可能性と潜在能力が確かめられた。今後は期待される。多様であるが量子力学原理とは、実行はただ一つだけの群論であることが毎日だ。

　ネットワーク（network）とは受信装置を多数離し円形電波が相互に応用可能な状況をいう。情報産業と発展した。また、「n-1」の数式はそのグループの最大値であり、数式に応用は多い。端的に負けたことはない優勝者である。建築と彫刻の違いは内部空間の有無で人間が利用できるか否かだ。外型デザインはよく混同され、評価されるが、内部の人間動線は複雑で無視される。人体内臓も同様。セットの「P・T・O」が「相補曲線」であり、その有効性が明暗を構築し、基礎知識の集団心理と個人心理との循環ネットワークが課題となる。磁気、重力、時間、臭気、核力は見えないが存在する。この認識次第が浮上と媒介で動詞はラストだ。日本人は地震や洪水の意識から内容は発生後現出と見る。環境の強大は科学の発展で回避も発生したが限界もあり、客観と主観の併置化構築で相補となる。量子力学論。

　心理は客観、精神は主観である。(10)ベルグソン(H.L.)参照。

VIII
未来

○1（1）ピタゴラス。
　夜空の星を毎日眺めて潜在を示唆は見事だ。季節で星座も位置を変えることも判るが、その意味は不明、話題でも地動時点説は視覚できず悔やんだと考えられる。反動で音楽を追求か。時間で変わる音も不明。しかし群論と相補の追求は現代でも追求され続く。意識だ。

○2（3）オーム（C）
　宇宙が始まったときから、電気はあった。電気が作ったのか、作られたのか答えは不明。稲妻が現代でも空を走っている。人工衛星から見ることはできる。電流（アンペア・I）、電位差・力（ボルト・V）、抵抗・障害（オーム・R）の3種。「I（電流）＝V（電圧）÷R（抵抗）」となる。抵抗はオームの名前から。1820年代に発見された。

○3（67）ノイマン（J.V.）
　コンピュータは計算機であり、その改良は人間頭脳（記憶・集中・注意・判断）力と「ハイブリッド・集積回路」と改良した。すべて自動で処理される。1000万分の1秒で実行。考えはできない。正誤なし優劣はある。（n－1）と最大値対応の特徴。不明は指示待ちとなる。

○4（75）ショクリー（W.B.）（76）バーディーン（J.）（77）ブラッティン（W.H.）。
　トランジスター発明。半導体（元素性）の電気伝導特性を利用し、整流・増幅・発振・スイッチ作用の電気回路素子。原子周期表中12ヶある。端的にいえば人体頭脳効果で「記憶・注意・集中・判断力であり、人体では幼児期に「希望・意志・目的」と主観性は構成される。（62）エリクソン参照。電子波に転移し真空管で1906年「デ・フォレスト（1873-1961）発明。トランジスター発達で交替された。（76）バーディーン（2回受賞）
　日本庭園の「ししおどし」は発振器だ。電子は知らなかった。放出は半導体現象、時間凝縮し、理論の「BCS理論」だ。日本人にも

potential・可能性と潜在力があり、期待できる。

○5（107）クーパー（L.N.）（108）シュリーファー（J.R.）（109）バーディーン（J.）
「B・C・S」は3名の頭文字の並列。「BCS」理論と提唱。電子粒子の相互作用で電気抵抗因の対化。その作用分解が超電導BCS理論。トンネル効果もある。（112）ジョセフソン効果。人体筋肉も格子構成で多様反応の常態。部分不良で痛みと感知。バンソウコウで表面動体連態強化の修正は痛み滅小（主観）「環境適応残、不適消滅」。
（客観）「形は機能を作り、機能は形に従う」。

○6（78）**楊振寧**、（79）**李政道**
波動関数の空間座標を反転（鏡面体）で不変か符号だけ変えるかをいう。プラス（＋）か（－）かだ。物理法則が左右対称なら（＋）、弱い相互作用では（－）となり、内容比較が判る。標準値との差。一般物価指数と釣り合いで価格算定。貧富差。有無内容となる。逆にいえば操作主義となる。（59）ブリッジマン（P.W.）（1882〜1961）提唱。中国では月の裏側探査中。地上で実験不能を宇宙で実験と転移の創始。

○7（5）シンガー（I.M.）
機械で自動化と発明を改良し世界中の女性に自由意識を開放は有史以来の最初。裁縫時間短縮は転用できた。時間短縮は人間を変える。時代は時間を創始となった。物体は力で消滅、時間は作れないが転移で発生を覚えた。人類は新しい時代である。約150年の間に進化した。
多様でも実行原理はただ一つだけの群論である。

○8（97）シューウィンガー（J.S.）（98）**朝永振一郎**、（99）ファインマン（R.P.）
ファインマンは「光子は電子と交換される」と「場」の量子論で

「place」。シューウィンガーは超多時間理論で「time」。朝永振一郎は「くりこみ理論で好機の「occasion」と量子物理の中に分子生物学も含むと示唆し、「P・T・O」と設定。ピタゴラスの定理や、「$E=mc^2$」とエネルギーにも転移できる。

○9（62）エリクソン（E.H.）
「モラトリアム」と「自我」の意識は多様できることを示唆した。「刑務所に入りたい」と犯罪もある。生きるとは「寝床・光・食糧・伴侶」となるが、両端を省略しても現実は存在し順序はある。アメリカは民営の刑務所もあり、死刑は消滅。島流は昔、今は別荘だ。戦争も無人機となった。「IC」と「AI」で万人を監視。民営の軍隊も現れたのは事実。正誤なし。優劣はある。世界中の人類カードもいずれ現れる。毎朝のトップニュースに現れ話題となる。

○10（104）アルベーン（H.O.G.）（105）ネール（L.E.F.）
　雷鳴は人間が知る最大音響で、鳴波で身体が反りかえる。電磁波でプラズマ（負電荷分離高温熱や電衝撃）だ、絵や彫刻は極地のオーロラ映像連想と転移で判るが内容不明。磁界・磁区の現象、クォークも外出なし。物理物理学となり、レベル差不明。パリティーも同様。空間理論となる。雲の形論だ。経験ともいう。（113）デリダ（J.）は電子哲学だ。分子生物学の電子転位学も発生は進行中。

○11（25）ダレーン（N.G.）（70）ゼルニケ（F.）（113）デリタ（J.）
　ゼルニケは光ポンピング発見で「位相差顕微鏡発明。笑った顔は判るがその因子は不明だ。位相差を明暗に転移。無色透明を観察できる。能面の顔の意味だ。対物レンズの後焦平面に単と群を平置する。連相の相補だ。集中力なら有るとする。正誤なし、優劣は有とする。無より助かるだ。
　物理物理学とは「無」を証明は不能、何かを仮定、$(n-1)$は最大。黒体放射は、無放射であるからだ。スポーツは仮定集団。発想競技。

○12（100）カストリル（A.）
　電子のエネルギーによる「光ポンピング」開発。照射光反転分布共鳴。固体レーザーの励起で「ルビーレーザー」（発振波長694.3mmの可視領域内。（10億分の1）（nmナノメートル）。
「ヤグレーザー」は（1.06μm）で加工用光源で、タングステン白熱電球、発光ダイオードなど。人工ルビー結晶化。

○13（114）ヒューウィッシュ（A.）（115）ライル（S.M.）
　ライルは2次大戦中のレーダー研究を生かして、戦後は電波望遠鏡の設計。アメリカ航空宇宙局NASAの観測衛星で活躍。電波源の観測を指揮。15億光年彼方のクエーサーを発見。1972年。ヒューウィッシュは、パルス電波のパルサー星を発見。観測衛星の撮影で確認された。1967年。宇宙観測の発展と効果。地上現象とは時間差だけか、研究に期待だ。

○14（141）ビニヒ（G.）（142）ルスカ（E.A.F.）（143）ローラー（H.）
　1978年、ビニヒはローラーと共同で「ナノテクノロジ（10億分の1）と極小物質単位の新時代を切り開いた。走査トンネル顕微鏡を開発。1933年、ルスカは光の代りに電子を使い世界初の電子レンズを完成、電子顕微鏡を発明。原子間顕微鏡の発見が望まれる。
　電子レンジは電子マイクロ波の誘電加熱現象利用で食品中水分の外部を熱する熱電波応用である。この論理を空調に転移も可能。

○15（91）イェンゼン（J.H.D.）（1949年）（92）ウィグナー（E.P.）
　1936年（93）メーヤー（M.G.）1947年
　1936年、ウィグナーは群論と中性子吸収の理論で、原子炉の基礎を設定。1947年、メーヤーは原爆研究からウラン固位元素分離研究から特定数の中性子と陽子からなる原子核が安定性を突止め、原子核の模型で説明した。「原子核のシェル構造」とした。1949年、イェンゼンは原子核の摩法数と発見。これが原子核は陽子と中性子からなる

と言論的に説明された。次は摩法数の応用開発も進行中。シドニーのオペラハウス。

○16（144）ベドノルツ（J.G.）（145）ミュラー（K.A.）（146）スタインバーガー（J.）

　超伝導でも銅の酸化物では差が大きいことを発見。又、一挙に常伝導へ戻る第2がある。この発見はリニアモーターカー、電力貯蔵への道が開けた。極低温設備が必要でコスト難も発生。第2原理の展開は世界中の科学者に衝撃を与えた。1986年。発電・電力輸送可能性は大。

○17（186）グロス（D.J.）（187）ポリッツァー（H.D.）（188）ウィルチェック（F）

　クォークの「漸近的自由論」は量子力学の標準理論となった。2004年。原理2次・3次への展開だ。しかし、現在では完全な証明はない。
　ドップラー（C.J.）効果の逆である。証明なくとも説明はできる。
　物理は等価性の追求は多い。相補強化であるが、中間の段階位相も多様となり、量子論だ。実体論理と電子論理、証券論理と3論混在する。証券論理の物理物理学は未解地で人工仮定は無限。

○18（166）チュー（S.）（167）コーエンタヌジ（C.）（168）フィリップス（W.D.）

　3名の共通は、方法は異なるがヘリウム・ナトリウム原子を静止させ、正確な信号をとらえることができた。精度の向上で、加工や測定がけた違いに高まったことである。原理分析も多様であることだ。

○19（169）ラフリン（R.B.）（170）シュテルマー（H.L.）（171）ツイ（D.C.）

　（170）シュテルマーと（171）ツイの「ホール効果」に「ニッチ」と壁面の凹みの真空管と理論的概念を1983年に与えた。この説明は地球外層、銀河態外層、宇宙態外層にも転移し、新空間の存在にも発展。

新しい課題発生となった。つまり、近似的手法で数種類の発見は予想される。スポーツには多い。一部分なら地震の予測も可能となった。中国では月の裏を探査中だ。表層空間から潜在空間探知である。

○20（177）コーネル（E.A.）（178）ワイマン（C.E.）（179）ケターレ（W.）
　気体の動作物質発見でイオンレーザーと呼ばれる。2000本以上のスペクトル線でレーザー発振で。遠赤外で炭酸ガスレーザー。可視フアルゴンイオンレーザー。可干渉のヘリウム・ネオレーザーなど。精密干渉実験で、炭酸ガスレーザー等々、散乱実験が実験光源と利用される。物体、液体、気体の相転移と協力現象は多い、循環は自然態、その追求が科学と発展。P・T・Oと分析、接合部の開発が課題となった。単体から相転移体間の開発と転位上質であり限界はない。

○21（202）ガイム（A.）（203）ノボセロフ（K.S.）
　シリコンをしのぐ存在のグラフェンを原料とする透明な新世代半導体は2004年発見。超蓄電、ナノスケールの電界効果（143）ローラー参照。優れた性質は基礎・応用の両面にわたる発展が期待される。
　原理複数の集積回路の再生と超高速化である。事実は変化する。次世代の発電装置と事業化は各国が加速している。発電層をフィルムに塗って薄く曲げる特性から施設は無限だ。現在3種あり実験・改良が進行中。(1) 既存のシリコン型と置換。(2) ガラスで多層と挟む。(3) 発電層フィルムを屋根・壁・支柱・プールに浮上等。発電層の繊維と織り込み、カーテン、衣類と転移も夢ではない。
　多くの人々を検討したが共通は「共通善」とは何かだ。ある現象との双体化（P）で電光石火（T）と識者との共鳴（O）でセットは起承転結となり、巨大・繊細の洗練である。雷名と語りつがれる。ナポレオン一世（1769～1821）とリンカーン（A.）（1809～1865）は与えられた環境を人類のために生きた人達と尊敬できる。現代は背景が複雑で潜在しグローバル（世界的な規模）とタイミング（丁度よい時

期)に条件も変化した。磁気の分析が意識を変える。「AI」「IC」「CD」は磁気用具なのである。(73) クッシュ(P.)参照。

まとめ

　相補曲線とらせん階段で「DNA」系統樹の中に含む内容になります。力があっても単独では不能。現代は受容と増幅の間に量子力学と分子生物学のフイルタリング「(83) ポントリャーギン（L.S.）」のポンピングで、確率制御の確率と仕切りが存在する。社会が発展すると「アウトサイダー」（共同行為外部者）の発達となる。反力の一部で潜在も含まれてある。文化や技術もそれで改革の目標はグローバル（世界的）であることだ。理由は決定者が加令すると陶酔の発生であり、歴史はその羅列。内容は古いものを変化の時代で読み比較の強調、日本は「恥の文化」と見破られた（訓練された判断）。欧米文化は「操作主義」(59) ブリッジマン（P.W.）とする。選挙は「地盤（出身校）・看板（資格・経験）・カバン（金銭）・本人（理論）のさいころとなり、理論は、[1] 集積（記憶）・[2] 分散（集中・記憶）・[3] 相補（判断）の3種。原理の背景は[4] 格言（エピグラム・epigram）にある。

　この4種を「起・承・転・結」・「喜・怒・哀・楽」・「温故知新」と併記の日誌は役立つ記憶の成長となる。

　ウナギは成長すると全てが「雄」、ホルモン補餌で「雌」と変わる。養殖で判明。人間社会も変化し2次・3次原理はgoodとbadと2種が存在。ギザギザと山と谷の連続は鍛えられからである。量子物理と分子生物学である。終ると言い残した問いが浮上するから不思議です。「磁気・重力・時間・臭気・核力」は見えないものだ。それを見えるように複数をカタカナ語で表現が多い。「AI」「IC」「CD」等電子速の表現で固定することなく流動バイパスだ。人類始まって以来の現象は慣れてなく混乱している。まだ調整に時間がかかる。指摘したのは(113) デリダ（J.）である。希望。

　発想の起承転結は[1] オーム・[2] ピタゴラス・[3] スケート・[4] ノイマンと成る。集積回路という、スポーツには全て含む、(150) パウル

（W.）参照。
「拮・群・相」を「p・t・o」のセット。

人名アイウエオ索引

通番号	氏名	ノーベル賞 受賞年・内容	2016の資料	国名	概容	ページ
34	アインシュタイン（A.）	（1921（単））	1879～1955	アメリカ	「$E=mc^2$」エネルギー式。統一・相対性。ガバナンス。	54
211	赤崎 勇（あかさきいさむ）	（2014（1/3））	1929～。	日本	半導体青色発光ダイオード。1989年成功。	215
212	天野 浩（あまのひろし）	（2014（2/3））	1960～。	日本	全上共同者。	216
183	アブリコソフ（A.A.）	（2003（1/3））	1928～。	ロシア	磁束量子化現象発見。1957年。	190
174	アルフェロフ（Z.）	（2000（1/3））	1930～。	ロシア	単結晶成長技術開発。半導体レーザー用。	182
102	アルバレズ（L.W.）	（1968（単））	1911～1988	アメリカ	陽子線形加速器建設素粒子共鳴状態発見。	116
104	アルベーン（H.O.G.）	（1970（1/2））	1908～1995	スウェーデン	天文物理学。オーロラのプラズマ現象研究。	114
60	アップルトン（S.E.V.）	（1947（単））	1892～1947	イギリス	上空の電波反射F層の発見は有名。無線研究。	77
207	アロシュ（S.）	（2012（1/2））	1944～。	フランス	超伝導共振器開発。光の「重ね合わせ」成功。2001年。	217
209	アングレール（F.）	（2013（1/2））	1932～。	ベルギー	ヒッグス機構の場 予言。2012年加速器で新粒子発見。	213
50	アンダーソン（C.D.）	（1936（1/2））	1905～1991	アメリカ	1932年予言されてた「陽電子」を発見。μ粒子も。	70
121	アンダーソン（P.W.）	（1977（1/3））	1923～。	アメリカ	1975年、無結晶物質系の電子動を明確化。	134
91	イェンゼン（J.H.D.）	（1963（1/3））	1907～1973	ドイツ	1949年原子核の殻模型を提唱。	105

通番号	氏名	ノーベル賞受賞年・内容	2016の資料	国名	概容	ページ
92	ウィグナー（E.P.）	（1963（2/3））	1902〜1995	アメリカ	パリティ保存則。群論陶酔の理論。分散も群論。	106
188	ウィルチェック（Fr.）	（2004（3/3））	1951〜。	アメリカ	墨子色力学。クォークのはなれねと強く、近づくは弱く「漸近的自由」解明。	194
135	ウィルソン（K.G.）	（1982（単））	1936〜2013	アメリカ	二次相転移計算法開発。	146
41	ウィルソン（C.T.R.）	（1927（1/2））	1869〜1959	イギリス	1911年素粒子、バタフライ・ロット、霧箱完成。空中電気研究。	61
124	ウィルソン（R.W.）	（1978（1/3））	1936〜。	アメリカ	電波天文学者。空気からマイクロ波とらえビックバン説。	137
65	ウォルトン（E.T.S.）	（1951（1/2））	1903〜1995	アイルランド	1931年高電圧装置で陽子を加速原子核破壊。	82
24	ウィーン（W.）	（1911（単））	1864〜1928	ドイツ	1893年黒体放射線の波長分布式提示。	44
110	江崎玲於奈	（1973（1/3））	1925〜	日本	トンネルダイオード発明	123
62	エリクソン（E.H.）	附記10	1902〜1994	アメリカ	分積回路「モラトリアム」支払延期の苦楽自我同一性。8系スタイル。	78
165	オシェロフ（D.D.）	（1996（3/3））	1945〜	アメリカ	ヘリウム3の壁面登り流れだす超流動化。超伝導とは異なる発見	174
3	オーム（G.S.）	附記3	1789〜1854	ドイツ	分積回路のマルクスの剰余の価値。電流の「オームの法則」現る。	15
202	ガイム（A.）	（2010（1/2））	1958〜。	イギリス	原子間力顕微鏡でグラフェン取出し成功。期待された。	208

まとめ

通番号	氏名	ノーベル賞受賞年・内容	2016の資料	国名	概容	ページ
199	カオ（C.）	(2009 (1/3))	1933～	中国生れ。アメリカ、イギリス。	光デジタル技術開発。光ファイバー通信の基礎評価	203
100	カストリル（A.）	(1966（単）)	1902～1984	フランス	集積回路化。光ポンピング開発。メーザー。レーザーに広く応用。	114
214	梶田隆章	(2015 (1/2))	1959～	日本	カミオカンデで、ニュートリノ振動発見。	217
2	葛飾北斎	附記2	1760～1849	日本	集積回路の発見。行列式と波動式の波と遠近で抽出絵師。	14
125	カピッツァ（P.L.）	(1978 (2/3))	1894～1984	ロシア	極低温物理の実験	138
106	ガボール（D.）	(1971（単）)	1900～1979	イギリス	ホログラフィーの理論と実験。	120
26	カマーリング・オネス（H.）	(1913（単）)	1853～1926	オランダ	超伝導現象発見。1911年液体ヘリウムで	46
12	キュリー（M）	(1903 (1/3))	1867～1934	フランス	数学・物理独学。トリウム放射能発見。ポロニウム、ラジウム原子発見。	31
13	キュリー（P.）	(1903 (2/3))	1859～1906	フランス	夫妻。キュリーの法則・キュリー温度。磁気転移温度。磁化率は絶対温度反比例。	32
33	ギヨーム（C.É.）	(1920（単）)	1861～1938	フランス	不変鋼アンバーの発見	52
175	キルビー（J）	(2000 (2/3))	1923～2005	アメリカ	1958年セットオームの集積回路転移。・半導体基板にトランジスタ・抵抗器・コンデンサをセット集積回路	183

通番号	氏名	ノーベル賞受賞年・内容	2016の資料	国名	概要	ページ
184	ギンツブルグ（V.L.）	（2003（2/3））	1916〜2009	ロシア	超伝導現象論。宇宙線起源の解明。	191
73	クッシュ（P）	（1955（1/2））	1911〜1993	アメリカ	1948年、電子の二重モーメンは場の量子論の基礎。	88
107	クーパー（L.N.）	（1972（1/3））	1930〜	アメリカ	1957年「BCS理論」	121
189	グラウバー（R.J.）	（1985（1/3））	1925〜	アメリカ	干渉可能な光（レーザー）コヒーレント光の理論構築ホログラフィーに応用。	195
127	グラショー（S.L.）	（1979（1/3））	1932〜	アメリカ	1950年クォークの他に第4「チャーム」クォークを予言。弱い相互作用解明した。	139
140	クリッツィング（K. von.）	（1985（単））	1943〜	ドイツ	ホール効果研究。微細構造、電気抵抗に寄与した量子ホール発見で受賞。	152
194	グリュンベルク（P.）	（2007（1/2））	1939〜	ドイツ	1988年、強磁性・非磁性の三層構造（鉄・クロム・鉄）の膜が抵抗1%変化発見。磁気抵抗	199
87	グレーザー（D.A.）	（1960（単））	1926〜2013	アメリカ	キリ箱の逆泡箔に気泡の列を発想。パラドックス。DNAの二重螺旋。1952年泡箔をつくった。34才で受賞。	102
176	クレーマー（A.）	（2000（3/3））	1928〜	アメリカ	半導体ヘテロ構造の開発。集積回路発明に貢献した。	183

まとめ

通番号	氏名	ノーベル賞受賞年・内容	2016の資料	国名	概要	ページ
84	黒澤 明（くろさわあきら）	附記13	1910～1998	日本	（54）フェルミニウムの同位元素。年代。複数カメラでダイナミックと繊細の編集でセット。	99
186	グロス（D.J.）	(2004 (1/3))	1941～	アメリカ	クォーク間の強相互作用は量子色力学。はなれると強近づくと弱の「漸近的自由」論の理論的解明と標準理論。	192
130	クローニン（J.W.）	(1980 (1/2))	1931～	アメリカ	1964年、中性K中間子のパリティ対称の破れ発見。時間反転の不変性発見だ。	141
111	ゲーバー（J.）	(1973 (2/3))	1929～	アメリカ	トンネル効果の実験。超伝導の理解を深めた。トンネル効果は超伝どうの媒介の一種だ。	124
179	ケターレ（W）	(2001 (3/3))	1957～	ドイツ	1995年、レーザー冷却。ナトリウムの絶対零度まで冷やし、原子の低坑におとすことに成功。位相発見	186
103	ゲル＝マン（M.）	(1969 (単))	1929～	アメリカ	1953年、素粒子の量子数と8グループに分け、1961年、8個ずつの八道説提唱。クォークは電子の1/3・2/3	117
152	ケンドール（H.W.）	(1990 (1/3))	1926～1999	アメリカ	1975年、加速器で陽子・中性子に硬い点状発見。原子番号。クォークと結論とした。	162

通番号	氏名	ノーベル賞受賞年・内容	2016の資料	国名	概容	ページ
167	コーエンタヌジ（C.）	（1997（2/3））	1933〜	フランス	1985年、ドップラー冷却で絶対温度まで冷却に成功。ヘリウムをほぼ静止に成功。熱定義不明。	175
66	コッククロフト（S.J.D.）	（1951（2/2））	1897〜1967	イギリス	1932年、陽子加速に成功。人工的に陽子加速でリチウム原子核を人工粒子線で核反応	82
177	コーネル（E.A.）	（2001（1/3））	1961〜	アメリカ	1995年絶対温度で20nK。ナノケルビンまで冷し、原子を最低まで落としこみに成功。	185
181	小柴昌俊	（2002（2/3））	1926〜	日本	宇宙線研究。1987年。大マゼランの超新星からニュートリノ、カミオカンデ、検出に成功。ニュートリノ天文学。	188
196	小林 誠	（2008（1/3））	1944〜	日本	1973年、クォーク3つを6つあれば対称の破れあると証明。1994年、6つ目トップクォーク見つかる。	200
42	コンプトン（A.H.）	（1927（2/2））	1892〜1962	アメリカ	X線散乱「コンプトン効果」発見。1923年。電磁波が波動と粒子性の2つもつと示した。	62
128	サラム（A.）	（1979（2/3））	1926〜1996	パキスタン	1964年、電磁作用と弱相作の統一理論提唱。ワインバーグとは独立に。	140

まとめ

通番号	氏名	ノーベル賞受賞年・内容	2016の資料	国名	概要	ページ
37	シーグバーン（K.M.G.）	(1924（単）)	1886～1978	スウェーデン	1921年、真空分光器発明。1924年、X線の屈折。絆創膏原理。	58
132	シーグバーン（K.M.B.）	(1981（1/3）)	同上の息子。1918～2007	スウェーデン	1960年「電子分光法」発見。化学分折手段と世界中で使用。	143
182	ジャコーニ（R.）	(2002（3/3）)	1931～	アメリカ	X線天文学開拓。1962年ロケット打上観測。中性子星。ブラックホール確認。	189
159	シャル（C.G.）	(1994（1/2）)	1915～2001	アメリカ	1986年中性子測定原子構造の散乱技術確立。	169
156	シャルパック（G.）	(1992（単）)	1924～2010	フランス	1968年素粒子検出器設計。電子工学（エレクトロニクス）で速度千倍の高空間分解能改善した。	166
97	シュウィンガー（J.S.）	(1965（1/3）)	1918～1994	アメリカ	1947年、朝永振一郎とは独立に「くりこみ理論完成。（超多時間理論）。	111
32	シュタルク（J.）	(1919（単）)	1874～1957	ドイツ	（シュタルク効果）発見。光源が電場の中で、スペクトル線が分岐する現象。1913年。	51
170	シュテルマー（H.L.）	(1998（2/3）)	1949～	ドイツ	量子ホール効果の実験で1982年、低温・強磁場で以上の存在を発見した。1/3・1/5など。	178

通番号	氏名	ノーベル賞受賞年・内容	2016の資料	国名	概要	ページ
56	シュテルン（O.）	（1943（単））	1888～1969	ドイツ	1919年磁場通過分子線が特定方向分離を発見。陽子磁気モーメントを決定した。	74
204	シュミット（B.P.）	（2011（1/3））	1967～	カナダ	天文学者。1993年観測の超新星から宇宙膨張加速発見。ハッブルの法則を確認。	209
133	ショーロー（A.L.）	（1981（2/3））	1921～1999	アメリカ	レーザー利用でドップラー効果の回避を解析した。高分解能光学。	143
108	シュリーファー（J.R.）	（1972（2/3））	1931～	アメリカ	超伝導現象の理論的解明でBCS理論提唱。	122
47	シュレーディンガー（E.）	（1933（1/2））	1887～1961	オーストリア	1926年、ド・ブロイ波を拡張。物質波を波動方程式とした。行列力学と等価性を証明。相対性。	67
147	シュワルツ（M.）	（1988（2/3））	1932～2006	アメリカ	ニュートリノ実験で新しくニュートリノ発見。1962年。	157
75	ショクリー（W.B.）	（1956（1/3））	1910～1989	アメリカ	トランジスタ研究。真空管内の電子流の整流・増幅・発振スイッチ操作などと同様。	92
112	ジョセフソン（B.D.）	（1973（3/3））	1940～	イギリス	超伝導とトンネル効果のセットがジョセフソン効果。	125
5	シンガー（I.M.）5	附記4	1811～1875	アメリカ	自動裁縫機改良発明は世界中の女性意識を変えた。ミシンで。	18

まとめ

通番号	氏名	ノーベル賞受賞年・内容	2016の資料	国名	概容	ページ
146	スタインバーガー（J.）	(1988 (1/3))	1921〜	ドイツ	1962年、加速器でミューニュートリノを作ることに成功した。弱い相互作用研究用。	156
200	スミス（G.E.）	(2009 (2/3))	1930〜	アメリカ	2009年、光デジタル技術開発。レーザー光で反射光の強度・偏光などの検出信号記録。	204
193	スムート（G.F.）	(2006 (2/2))	1945〜	アメリカ	1989年宇宙探査衛星打上げ、ビッグバン説の裏づけ発見。	198
85	セグレ（E.G.）	(1959 (1/2))	1905〜1989	アメリカ	1955年、反陽子発見。核子は陽子と中性子があり。その反粒子は、1955年発見された。	101
8	ゼーマン（P.）	(1902 (1/2))	1865〜1943	オランダ	1896年、強磁場光線の効果。スペクトル線が数本に分かれること。	26
70	ゼルニケ（F.）	(1953（単）)	1888〜1956	オランダ	光ポンピングの発見1935年発明（等原干渉）位相差顕微鏡。	86
94	タウンズ（C.H.）	(1964 (1/3))	1915〜2015	アメリカ	メーザー着想レーダー（電波ビーム）で1958年完成。反射電波応用測定。	107
80	タム（I.E.l.）	(1958 (1/3))	1895〜1971	ロシア	1940年、原子核は陽子と中性子からを掲示。	96
25	ダレーン（N.G.）	(1912（単）)	1869〜1937	スウェーデン	無人灯台夜用発明。ポンピングの発見。	45

通番号	氏名	ノーベル賞受賞年・内容	2016の資料	国名	概要	ページ
86	チェンバレン（O.）	（1959（2/2））	1920～2000	アメリカ	1955年（反陽子（反（中性子）核子発見。反中性子存在発見。	101
81	チェレンコフ（P.A.）	（1958（2/3））	1904～1990	ロシア	高速電子の新放射発見。γ線から生じる高速電子。	96
49	チャドウィック（S.J.）	（1935（単））	1891～1974	イギリス	核反応放出粒子は中性子であると示した。	69
136	チャンドラセカール（S.）	（1983（1/2））	1910～1995	インド	1930年、天体は水素がヘリウムに変り、収縮すると白色矮星（ワイセイ）になると提唱。	147
166	チュー（S.）	（1997（1/3））	1948～	アメリカ	ヘリウム原子を静させた。1985年。	175
171	ツイ（D.C.）	（1998（3/3））	1939～	アメリカ	量子ホール効果の1/3・1/5の電荷発見。ラフリン（R.B.）により、「ニッチ」となった。	179
119	ティン（S.C.C.）	（1976（1/2））	1936～	アメリカ	第4のクォーク発見。1974年	133
48	ディラック（P.A.M.）	（1933（2/2））	1902～1984	イギリス	1926年、波動力学と行列力学の統合を理論発表。1928年、陽子を示唆した。	68
180	デービス（R.Jr.）	（2002（1/3））	1914～	アメリカ	ニュートリノの研究。1967年、ホームステーク鉱山地下1500mでミュートリノ検出。	187
52	デービソン（C.J.）	（1937（1/2））	1881～1958	アメリカ	反跳電子測定実験。1927年、電子波動性実証した。	71

まとめ

通番号	氏名	ノーベル賞受賞年・内容	2016の資料	国名	概要	ページ
149	デーメルト（H.G.）	(1989 (1/3))	1922～	ドイツ	1955年「パウル・トラップ」を発明。1973年、電子捕捉に成功。	159
153	テーラー（R.E.）	(1990 (2/3))	1929～	カナダ	1975年、陽子と中性子の中に硬い点状発見。クォークとした。	163
157	テーラー（J.H.Jg.）	(1993 (1/2))	1941～	アメリカ	1974年、パルサー研究、中性子星を発見。宇宙実験室を提唱。	167
11	デューイ（J.）	附記8	1859～1952	アメリカ	自動車・コンピューターは用具の結果集積回路。プラグマティズム。	29
113	デリダ（J.）	附記14	1930～2004	フランス	集積回路。哲学の差延と矛盾の抽出。デコンストラクション	128
215	土井棟治朗	附記15	1933～。	日本	ポンピングとフィルタリング相補曲線の提唱。グローバル。	218
155	ドジャンヌ（P.G.）	(1991（単）)	1932～2007	フランス	1960年、超伝導。相転移と説明。	165
44	ド・ブロイ（L.V.7e.D.）	(1929（単）)	1892～1987	フランス	パイコネ理論ド・ブロイ波（物質波）1925年。粒子の波動性提唱。	64
173	ト・ホーフト（G.）	(1999 (2/2))	1946～。	オランダ	「くりこみ理論」を数学的に証明。	181
17	トムソン（S.J.J.）	(1906（単）)	1856～1940	イギリス	電子の発見。社会は変る。陽子の1840分の1。電子はケーキの包体。	36
53	トムソン（S.G.P.）	(1937 (2/2))	1892～1975	イギリス	ド・ブロイ波の理論を実証。トムソン（S.J.J.）の子。	72

241

通番号	氏名	ノーベル賞受賞年・内容	2016の資料	国名	概要	ページ
98	朝永振一郎（ともながしんいちろう）	（1965（2/3））	1906～1979	日本	1947年、「くりこみ理論発表。	112
213	中村 修二（なかむらしゅうじ）	（2014（3/3））	1954～	日本	発光ダイオードの青色発明。	216
197	南部陽一郎（なんぶようぃちろう）	（2008（2/3））	1921～	日本	・クォークの量子色力学。・（自発的対称性の破れ）	201
105	ネール（L.E.F.）	（1970（2/2））	1904～2000	フランス	磁性・磁区の理論。	119
67	ノイマン（J.V.）	附記11	1903～1957	アメリカ	集積回路「CI」。(n−1) の世界。命令は記憶からの抽出と積層のセットはコンピュータを変えた。	83
203	ノボセロフ（K.S.）	（2010（2/2））	1974～	ロシア	石墨にテープはりはがしてシリコンにはり原子1ケの六角形再現。結晶多層を分折。2004年。	208
46	ハイゼンベルク（W.K.）	（1932（単））	1901～1976	ドイツ	行列力学創始。1925年不確定性発見1927年。核構造理論を築いた。	66
65	パウエル（C.F.）	（1950（単））	1903～1969	イタリア	1947年宇宙線観測でπ（パイ）中間子と分列しニュートリノになること明示。	81
58	パウリ（W.）	（1945（単））	1900～1958	スイス	1924年。陽子・中間子・電子などフェルミオンは量子数共有不能を発見。	76
150	パウル（W.）	（1989（2/3））	1913～1993	ドイツ	1952年、「パウルトラップ発明。トラップとは「わな」質量分折の基礎を築いた。発想とはスポーツと同様。	160

まとめ

通番号	氏名	ノーベル賞受賞年・内容	2016の資料	国名	概要	ページ
30	バークラ（C.G.）	（1917（単））	1877〜1944	イギリス	大学時代にX線気体錯乱から電子数推定。原子番号の手掛りを与えた。	49
95	バーソフ（N.G.）	（1964（2/3））	1922〜2001	ロシア	1955年、3準位メーザー完成。マイクロ波・増幅・発振。	109
68	パーセル（E.M.）	（1952（1/2））	1912〜1997	アメリカ	1946年、核磁気共鳴の原子核磁気モーメント測定発明	84
76	バーディーン（J.）	（1956（2/3））	1908〜1991	アメリカ	トランジスター発明。半導体を人間的転移。トランジスタは真空管と同じ。	93
109	バーディーン（J.）（同人2回受賞）	（1972（3/3））	1908〜1991	アメリカ	全上を「BCS理論」で解析、自分も半導体の一部に転移した。	122
162	パール（M.L.）	（1995（2/2））	1927〜2014	アメリカ	1977年加速器でレプトンのタウ（τ）粒子発見。	172
158	ハルス（R.A.）	（1993（2/2））	1950〜	アメリカ	電波望遠鏡でパルサー群を発見。1974年。	168
205	バールムッター（S.）	（2001（2/3））	1959〜	アメリカ	1988年、超新星観測し宇宙膨張論発表。	210
122	バンブレック（J.H.）	（1977（2/3））	1899〜1980	アメリカ	磁性の起源研究。分子場理論は化合物結合パターン理解用。	135
1	ピタゴラス	附記1	前569〜前470	ギリシア	分積回路・集ともでバランス。星空から連想は数学とセットで三角形原理抽出。	12

通番号	氏名	ノーベル賞受賞年・内容	2016の資料	国名	概要	ページ
210	ヒッグス（P.）	(2013 (2/2))	1929〜	イギリス	1964年、ヒッグス機構の理論提唱。場の存在で生ずる粒子発生粒子予言。	214
141	ビニヒ（G.）	(1986 (1/3))	1947〜	ドイツ	走査トンネル顕微鏡。1982年低電界の真空中試料面に電子のトンネルで精密観察。	152
114	ヒューウィッシュ（A.）	(1974 (1/2))	1924〜	イギリス	電波天文学者。1967年、パルサー発見。パルス信号発信天体。	129
99	ファインマン（R.P.）	(1965 (3/3))	1918〜1988	アメリカ	電磁力学のくりこみ理論。「光るは電子と交換される」は一般化した概念だ。	113
137	ファウラー（W.）	(1983 (2/2))	1911〜1995	アメリカ	恒星進化過程で、軽から重いへ進化プロセス理論。崩壊で超新星バクハツで重元素	149
138	ファンデルメーア（S.）	(1984 (1/2))	1925〜2011	オランダ	1983年。伝達粒ウィークボソンの発見。	150
23	ファン・デル・ワールス（J.D.）	(1910 (単))	1837〜1923	オランダ	1873年。気体の液化理論。弱い引力は「ファン・デル・ワールス」という。	43
131	フィッチ（V.L.）	(1980 (2/2))	1923〜	アメリカ	1964年、K中間子研究速い寿命と遅い寿命とある。	142
168	フィリップス（W.D.）	(1997 (3/3))	1948〜	アメリカ	1985年、原子光学の発生。レーザー光で原子を静止。ゼッタイ温度まで下げた。	176

まとめ

通番号	氏名	ノーベル賞受賞年・内容	2016の資料	国名	概容	ページ
172	フェルトマン（M.J.G.）	（1999（1/2））	1931〜	オランダ	4つの力の統一理論。電磁力と弱作用のセット化。	180
54	フェルミ（E.）	（1938（単））	1901〜1954	アメリカ	1926年フェルミ統計で同位元素つくった考古学で応用。	73
195	フェール（A.）	（2007（2/2））	1938〜	フランス	1988年、クロム層積層で冷却、電気抵抗半分発見	199
20	ブラウン（K.F.）	（1909（1/2））	1850〜1918	ドイツ	1897年、ブラウン管発明。・トランジスタと同じ。真空管でTV・オシロクラフ用。	39
28	ブラック（S.W.H.）	（1915（1/2））	1862〜1942	親。イギリス	α粒子（アルファ）でブラッグ曲線。1912年。X線の回折で公式発明。息子と協同。	48
29	ブラッグ（S.W.L.）	（1915（2/2））	1890〜1971	息子。イギリス	親と共同でX線分光器発明し、結晶物理学科学知識貢献した。向上につとめた。	49
61	ブラケット（P.M.S.B.）	（1948（単））	1897〜1974	イギリス	霧箱改良し、原子核崩壊とらえる。1933年宇宙線から電子生成・消滅を観察した。	78
77	ブラッティン（W.H.）	（1956（3/3））	1902〜1987	アメリカ	1956年、トランジスタ発明。固体表面性質担当。	93
38	フランク（J.）	（1925（1/2））	1882〜1964	アメリカ	電子衝突で原子研究。気体原子エネルギーのため。	59

245

通番号	氏名	ノーベル賞受賞年・内容	2016の資料	国名	概要	ページ
82	フランク（Ilya.M.）	(1958 (3/3))	1908～1990	ロシア	・可視光線電磁波をチェレンコフ光という。1934年発見。フランクとタムがタムが理論化。	97
31	プランク（M.K.E.L.）	(1918（単）)	1858～1947	ドイツ	エネルギー量子仮設と提唱が量子力学発展のきっかけとなる。マッハと論争もあった。実体と仮設	50
59	ブリッジマン（P.W.）	(1946（単）)	1882～1961	アメリカ	高圧研究。40万気圧までupで。目標はグローバル。・操作主義提唱もした。哲学者自殺。	76
154	フリードマン（J.I.）	(1990 (3/3))	1930～	アメリカ	1975年、原子核散乱実験で原子・陽子・中性子は内部に硬い素粒子点を発見。1964年予言のクォークと結論。	164
134	ブルームバーゲン（N.）	(1981 (3/3))	1920～	オランダ	1957年、レーザーで実現の分光学の発展に貢献。マイクロ波増幅器と実用化した。	144
160	ブロックハウス（B.N.）	(1994 (2/2))	1915～2003	カナダ	1984年、中性子回折・散乱測定。中性子分光器発明。格子振動測定。	170
69	ブロッホ（F.）	(1952 (2/2))	1905～1983	アメリカ	1939年、中性子磁気研究し、測定に成功。1946年。核磁気モーメント測定。	85
96	プロホロフ（A.M.）	(1964 (3/3))	1910～2002	ロシア	1952年マイクロ波のメーザー原理発表。	110

まとめ

通番号	氏名	ノーベル賞受賞年・内容	2016の資料	国名	概要	ページ
14	ベクレル（A.H.）	（1903（3/3））	1852～1906	フランス	1896年、ウラン鉱から放射線検出。初めて原子核の崩壊現象をした。	33
51	ヘス（V.F.）	（1936（2/2））	1883～1964	アメリカ	1911年頃から気球で宇宙線をの存在を認めた。	71
101	ベーテ（H.A.）	（1967（単））	1906～2005	アメリカ	1938年、太陽エネルギーは水素からヘリウムへと核融合反応でつくられるとした	115
144	ヘドノルツ（J.G.）	（1987（1/2））	1950～	ドイツ	1986年、銅の酸化物が絶対温度35Kで超伝導発見。	155
10	ベルグゾン（H.L.）	附記7	1859～1941	フランス	集積回路。意識の「IC」。「エラン・ヴィタル（生動）」邂逅は記憶を呼び覚ます。	28
39	ヘルツ（G.L.）	（1925（2/2））	1887～1975	ドイツ	1913年、電子線により原子励起させ量子論の実験。	59
40	ペラン（J.B.）	（1926（単））	1870～1942	フランス	1900年ブラウン運動を手がけアインシュタインの理論を水分子の実在を示した。	60
190	ヘンシュ（T.W.）	（2005（2/3））	1941～	ドイツ	コヒーレント光の周波数コム（クシの意）の発明。光周波数は15桁を成功。（1000兆分の1）	195

247

通番号	氏名	ノーベル賞受賞年・内容	2016の資料	国名	概容	ページ
126	ペンジアス（A.A.）	(1978 (3/3))	1933～	アメリカ	1964年、宇宙空間からマイクロ波検出。－270℃の黒体放射と判った。ビッグバン説。	139
35	ボーア（N.H.D.）	(1922（単）)	1885～1962	デンマーク	1913年「ボーアの原子理論」認識に相補性展開。液滴模型で影響を与えた。	55
116	ボーア（A.N.）	(1975 (1/3))	1885～1962	デンマーク	1950年、原子核の集団運動理論完成。原子核球形をしつがをした。	131
201	ボイル（W.）	(2009 (3/3))	1924～	カナダ	1980年、デジタルカメラの電荷結合素子CCD開発。	204
71	ボーテ（W.）	(1954 (1/2))	1891～1957	ドイツ	1920年光の粒子性証明と同時計数法開発。宇宙線。	86
88	ホーフスタッター（R.）	(1961 (1/2))	1915～1990	アメリカ	1985年、大型加速器で、原子核内部の磁気研究。	103
187	ポリツァー（H.D.）	(1961 (1/2))	1915～1990	アメリカ	1979年、クォーク群の強い相互作用の「漸近的自由」を理論的解明（量子色力学）	193
191	ホール（J.L.）	(2005 (3/3))	1934～	アメリカ	2000年。コヒーレント光のコム（クシの意）を発明。1000兆分の1（15桁）光の高精度光周波数発見。	196

まとめ

通番号	氏名	ノーベル賞受賞年・内容	2016の資料	国名	概容	ページ
72	ボルン（M.）	（1954（2/2））	1882〜1970	ドイツ	1926年行列の建設者となった。シュレーディンガーの波動とセットした。	87
83	ポントリャーギン（L.S.）	附記12	1908〜1988	ロシア	環境適応優勝体・（n-1）数式。光子は電子と交換される。人間最大値は・フィルタリングで現れるポンピング。	98
18	マイケルソン（A.A.）	（1907（単））	1852〜1931	アメリカ	1981年「マイケルソンの干渉計で光速度決定。	37
192	マザー（J.C.）	（2006（1/2））	1946〜	アメリカ	アメリカNASAで1989年ロケット打上げマイクロ波測定でビッグバン提唱。	197
198	益川敏英	（2008（3/3））	1940〜	日本	クォークの3つが6つあればと提言。1994年発見。	202
6	マルクス（K.H.）	附記6	1818〜1883	ドイツ	経済の剰余の価値と集積回路の発見。オームの法則で判る。	19
22	マルコーニ（G.）	（1909（2/2））	1874〜1937	イタリア	1895年、電磁波を通信に転写し、無線に成功。	41
145	ミュラー（K.A.）	（1987（2/2））	1927〜	スイス	1986年、銅混合酸化物が超電動と発見。輸送可	155
36	ミリカン（R.A.）	（1923（単））	1868〜1953	アメリカ	(35) ボーアの相補模型の油滴実験成功。	57
89	メスバウアー（R.L.）	（1961（2/2））	1929〜	アメリカ	1957年「メスバウアー効果発見。結晶中原子核からのγ（同位元素）線でエネルギー準位体。	103

249

通番号	氏名	ノーベル賞受賞年・内容	2016の資料	国名	概容	ページ
93	メーヤー（M.G.）	（1963 (3/3)）	1906～1972	ポーランド	1947年、原子核は特定数の中性子と陽子数（原子番号）からなるを発見。	107
117	モッテルソン（B.R.）	（1975 (2/3)）	1926～	デンマーク	原子核の集団運動理論。	131
123	モット（S.N.）	（1977 (3/3)）	1905～	イギリス	「モット転移」温度や圧力の変化で電子間相転移。1971年。人間行動転移。	136
63	湯川秀樹（ゆかわひでき）	（1949（単））	1907～1981	日本	1934年、核子間に倍かいγの粒子存在を予言。1947年π中間子で確認された。	80
78	楊振寧（ようしんねい）	（1957 (1/2)）	1922～	（父は中国人）アメリカ	1956年、「パリティ保存則」発表。左右対称ならよい量子数。弱い作用では成り立たない。	94
161	ライネス（F.）	（1995 (1/2)）	1918～1998	アメリカ	1950年、ニュートリノ発見。1930年に予測されてた。	170
115	ライル（S.M.）	（1974 (1/2)）	1918～1984	イギリス	1960年、電波望遠鏡完成。クエーサーの発見。輝線天体。パルス信号のパルサーも発見。	130
27	ラウエ（M.T.F.V.）	（1914（単））	1879～1960	ドイツ	1919年、結晶がX線回折に適する発見。	47
21	ラザフォード（E.）	附記9	1871～1937	イギリス	集積回路の発見。1909年原子模型呈示。	40

まとめ

通番号	氏名	ノーベル賞受賞年・内容	2016の資料	国名	概容	ページ
57	ラビ (I.I.)	(1944 (単))	1898〜1988	アメリカ	1937年、原子核磁気モーメント測定成功。これはメーザーレーザーなどに応用された。	75
45	ラマン (S.C.V.)	(1930 (単))	1868〜1970	インド	1928年、可視光線散乱で「ラマン効果」発見。反射光は照射とちがうこと。	65
74	ラム (W.E.Jr.)	(1955 (2/2))	1913〜2008	アメリカ	1947年、「ラムシフト」発見。(エネルギーのズレ)(くりこみ理論の検証材料ともなった。	89
151	ラムゼー (N.F.)	(1989 (3/3))	1915〜2011	アメリカ	1949年、「ラムガー共鳴で原子の高精度測定を発見。マイクロ波の同調でも。	161
169	ラフリン (R.B.)	(1998 (1/3))	1950〜	アメリカ	(1998のシュテルマーの解説で準粒子と量子流体とし「ニッチ」創始。内部・動力学の新理論提唱。	178
90	ランダウ (L.D.)	(1962 (単))	1908〜1968	ロシア	1943年、液体ヘリウムの超流動理論の「二流体理論」はみごとだ。	104
163	リー (D.M.)	(1996 (1/3))	1931〜	アメリカ	1970年、液体ヘリウムの壁面のぼり外に流出はヘリウム4とはちがうを発見。	173

251

通番号	氏名	ノーベル賞受賞年・内容	2016の資料	国名	概要	ページ
206	リース（A.G.）	（2011（3/3））	1969〜	アメリカ	1994年超遠方の超新星を探査データで解析。明るさは暗く宇宙のボウチョウは加速中を発見した。	211
79	李政道（りせいどう）	（1957（2/2））	1926〜	中国系アメリカ	1956年、楊振寧とともにパリティ保存則を提唱。（左右対称論）。	95
43	リチャードソン（S.O.W.）	（1928（単））	1879〜1959	オーストリヤ	1944年、「熱電子放出」の法則発見。真空管技術に発展。これはのちにトランジスターだ。	63
164	リチャードソン（R.C.）	（1996（2/3））	1937〜2013	アメリカ	1972年、低温研究で超流動ヘリウム3の相転移発見。量子効果を見えるようにした。	173
120	リヒター（B.）	（1976（2/2））	1931〜	アメリカ	1974年、加速器で新素粒子（ψ粒子）発見。4番目クォーク（プサイ）	134
19	リップマン（G.）	（1908（単））	1809〜1865	フランス	1873年、「毛管電位計発明。光の干渉でカラー写真法発明。1981年。	38
4	リンカーン（A.）	附記4	1809〜1865	アメリカ	集積回路の発見。人類の敬意を示唆した奴隷解放。他生物にはないものだ。	17
142	ルスカ（E.A.F.）	（1986（2/3））	1906〜1988	ドイツ	電子線応用。1934年電子レンズ。電子顕微鏡開発。	153

まとめ

通番号	氏名	ノーベル賞受賞年・内容	2016の資料	国名	概要	ページ
139	ルビア（C.）	(1984 (2/2))	1934〜	イタリア	1970年。弱い相互作用の短寿命素粒子ウィークボソン発見。	151
15	レイリー（J.W.S.L.）	(1904 (単))	1842〜1919	イギリス	1894年、空気中のアルゴンの存在を確かめた。レイリーの法則は多い。	34
118	レインウォーター（L.J.）	(1975 (3/3))	1917〜1986	アメリカ	1949年、原子核の集団運動の理論提唱。強い相互作用発見。	132
185	レゲット（A.J.）	(2003 (3/3))	1938〜	イギリス	1970年代、液体ヘリウム3の超流動体現象を解明。	191
148	レダーマン（L.M.）	(1988 (3/3))	1922〜	アメリカ	1962年、ニュートリノを人工的に作り出した。	158
16	レーナルト（P.E.A.）	(1905 (単))	1862〜1947	ドイツ	1903年、「レーナルトの原子模型」提唱。	35
7	レントゲン（W.C.）	(1901 (単))	1845〜1923	ドイツ	1895年、未知の放射線発見。X線と名づけた。	24
143	ローラー（H.）	(1936 (3/3))	1933〜2013	スイス	超伝導研究。表面識別の走査トンネル顕微鏡、ナノテクノロジー（10億分の1）創始で極小単位。	154
55	ロレンス（E.O.）	(1939 (単))	1901〜1958	アメリカ	1930年、粒子加速器のサイクロトロン発明。・人工放射性同位元素つくる。	74
9	ローレンツ（H.A.）	(1902 (2/2))	1853〜1928	オランダ	1912年、電磁波の反射。屈折の理論。電子の存在を仮定した。	27

通番号	氏名	ノーベル賞受賞年・内容	2016の資料	国名	概要	ページ
178	ワイマン（C.E.）	(2001 (2/3))	1951～	アメリカ	1985年、レーザー冷却で冷やし、原子最低エネルギーまで落こむに成功。	186
129	ワインバーグ（S.）	1979 (3/3)	1933～	アメリカ	1967年、電磁力と弱い作用を統一する理論を定式した。	141
208	ワインランド（D.）	(2012 (2/2))	1944～	アメリカ	1975年、電磁場の「シュレーディンガーの猫」（生と死の同居）をつくり「重ね合わせを開発。	213
	合計（215）EMD.					

項目索引

ページ

(あ)		
アイソトープ（同位元素）	(54) フェルミ (E)	73
	(55) ロレンス (E.O.)	74
アルゴン	(15) レイリー (J.W.S.L.)	34
泡箱	(87) グレーザー (D.A)	102
(い)		
位相差顕微鏡	(70) ゼルニケ (F.)	86
1%の変化・金属3層	(194) グリュンベルク (O.)	199
色力学（量子）	(187) ポリツァー (H.D.)	193
	(186) グロス (D.J.)	192
(う)		
ウィークボソン	(139) ルビア (C.)	151
宇宙線を気球で発見	(51) ヘス (V.F.)	71
宇宙線の起源	(184) ギンツブルグ (V.L.)	191
宇宙膨張論	(204) シュミット (B.P.)	209
宇宙膨張論	(205) パールムッター (S)	210
(え)		
エネルギーのズレ	(74) ラム (W.E.Jr.)	89
エネルギー量子仮定	(31) プランク (M.K.E.)	50
X線見えないがある。	(7) レントゲン (W.C)	24
〃回析	(27) ラウエ (M.T.F.V.)	47
〃分光分光器（親）	(28) ブラッグ (S.W.H.)	48
〃　〃　（子）	(29) ブラッグ (S.W.L.)	49
〃天文学	(182) ジャコーニ (R.)	189
(お)		
オーロラ	(184) ギンツブルグ (V.L.)	191
	(104) アルベーン (H.O.G.)	118
(か)		
核子（中・陽）とフェルミオン	(58) パウリ (W.)	76
核磁気モーメント共鳴	(68) パーセル (E.M.)	84
核反応放出粒子は中性子	(49) チャドウィック (S.J.)	69
可視光線の電磁波	(82) フランク (Ilya.M.)	97
(き)		
気体液化理論・弱相互関係	(23) ファン・デル・ワールス (J.D.)	43
強磁場光線効果	(8) ゼーマン (P.)	26
行列式	(46) ハイゼンベルク (W.K.)	66

		ページ
行列式の建設者	(72) ボルン (M)	87
極低温実験	(125) カピッツァ (P.L.)	138
霧箱完成	(41) ウィルソン (C.T.R.)	61
霧箱改良	(61) ブラケット (P.M.S.B.)	78
(く)		
クエーサー(恒星赤方偏移)	(115) ライル (S.M.)	130
(ハドロン) 1950年予言。クォーク発見(弱作用)	(127) グラショー (S.L.)	139
〃	(128) サラム (A.)	140
〃	(129) ワインバーグ (S)	141
クォークを1975年発見	(152) ケンドール (H.W.)	162
〃	(153) テーラー (R.E.)	163
〃	(154) フリードマン (J.I.)	164
〃 漸近的自由	(187) ポリッツァー (H.D.)	193
〃 3つを6つと提唱	(196) 小林誠	200
〃	(198) 益川敏英	202
〃 量子色力学と提唱	(187) ポリツァー (H.D.)	193
〃	(197) 南部陽一郎	201
(電磁波の電子存在)屈折理論	(98) 朝永振一郎	112
1947年くりこみ理論発表	(98) 朝永振一郎	112
朝永振一郎とは独立に1947年くりこみ理論完成	(97) シュウィンガー (J.S.)	111
くりこみ理論を数学的に証明	(173) ト・ホーフト (G.)	181
エネルギーのズレでくりこみ理論検証	(74) ラム (W.E.Jr)	89
クロム積層材で電気抵抗半分発見	(195) フェール	199
グローバル(世界的)	(59) ブリッジマン (P.W.)	76
(け)		
新元素1898年、ポロニウムとラジウム発見	(13) キュリー (P・M) 共同	32
ボーアの原子論	(35) ボーア (N.H.D.)	55
原子番号をX線偏光で手掛けを与えた	(30) バークラ (C.G.)	49
2ヵ所電磁場分子線共鳴で原子精密測定発見	(151) ラムゼー (N.F.)	161
原子をレーザー冷却し光で動きを止め凝縮状態成功	(178) ワイマン (C.E.)	186
原子力間顕微鏡発明	(202) ガイム (A.)	208
原子成分は同じで個数差とし、原子模型を提唱、1903年	(16) レーナルト (P.E.A.)	35
原子は太陽系に類似と考え、模型で、核があり、囲りを電子が回るとした	(21) ラザフォード (E)	40
原子の固まりは位相そろうと発見	(179) ケターレ (W.)	186

256

まとめ

		ページ
原子核は陽子と中性子から1949年成るを発見した。	（93）メーヤー（M.G.）	107
1932年、原子核は陽子と中性子からなる理論提唱。ロシア物理学者	（80）タム（I.E.l.）	96
1931年、原子核を陽子加速し、人工的に原子核破壊した	（65）ウォルトン（E.T.S.）	82
1937年、原子核の磁気モーメント測定成功	（57）ラビ（I.I.）	75
1950年大型加速器で原子核内部磁気モーメント分布	（88）ホーフスタッター（R.）	103
原子核殻模型提唱	（91）イエンゼン（J.H.D.）	105
原子の構成と近代原子論	（152）ケンドール	162
月面に原子力発電所計画	（190）ヘンシュ（T.W.）	195
（こ）		
光子は電子と交換される	（99）ファインマン（R.P.）	113
黒体放射（全吸収物体）（n−1）も（意味は逆だ）	（24）ウィーン（W.）	44
光速度決定。干渉計で	（18）マイケルソン（A.A.）	37
恒星進化。（星の歴史）	（137）ファウラー（W.）	149
コヒーレント光（干渉可能光）	（191）ホール（J.L.）	196
反陽子・反中性子・反核子発見	（86）チェンバレン（O.）	101
レーザー利用で高質分解能分光学発明	（133）ショーロー（A.L.）	143
コヒーレント光の周波数「コム」（くし）（1000兆分の1）15桁成功	（190）ヘンシュ（T.W.）	195
（さ）（し）		
1930年、サイクロトロン（加速器）発明	（55）ロレンス（E.O.）	74
磁性起源を原子に探る	（122）バンフレック（J.H.）	135
磁性・磁区の理論	（105）ネール（L.E.T.）	119
（常伝導と超伝導合成）磁束量子化現象発見	（183）アブリコソフ（A.A.）	190
磁気転移温度発見	（13）キュリー（P）	32
（強・弱・善悪・賢・おろか）（意識は集積回路）集積回路思考	（4）リンカーン（A.）	17
（トランジスタで）集積回路製作。	（59）ブリッジマン（P.W.）	76
集積回路発明	（67）ノイマン（J.V.）	83
フィルタリング・逆・（集積回路逆視）中間（分散価値のエリクソン。乗余の価値	（6）マルクス（K.H.）	19
（し）		
（生と死の同居）・（重ね合わせ）発明。シュレーディンガーの猫	（208）ワインランド（D.）	213
トランジスタも同上	（76）（109）バーティーン（J）	93
真空管効果（陽・陰極）	（43）リチャードソン（S.O.W.）	63

		ページ
真空ブラウン管（光電子）	(20) ブラウン（K.F.）	39
スペクトル線の分岐実証	(32) シュタルク（J.）	51
真空分光器	(37) シーグバーン（K.M.G.）	58
地震	(171) ツイ（D.C.）	179
	(169) ラフリン（R.B.）	178
（そ）		
相転移	(155) ドジャンヌ（P.G.）	165
相補曲線	(215) 土井棟治朗	218
走査トンネル	(141) ビニヒ（G.）	152
走査トンネル顕微鏡	(143) ローラー（H.）	154
素粒子検出器発明	(156) シャルパック（G.）	166
操作主義	(59) ブリッジマン（P.W.）	76
相対性理論の意識転移	(45) ラマン（S.C.V.）	65
（た）		
太陽エネルギー分析	(101) ベーテ（H.A.）	115
τ（タウ）粒子発見	(162) パール（M.L.）	172
タッチパネル	(19) リップマン（G.）	38
（ち）（つ）		
（励起状態・共鳴粒子・媒介粒子）中間子（強相互作用）1935年	(63) 湯川秀樹	80
（π中間子と核子のしょうとつでできる）（キリバコ）K中間子（meson）π中間子	(50) アンダーソン（C.D.）	70
中性子の存在発見。霧箱	(86) チェンバレン（O.）	101
中性子星発見	(157) テーラー（J.H.Jr）	167
中性子磁気モーメント測定	(69) ブロッホ（F.）	85
中性子分光器発明	(160) ブロックハウス（B.N）	170
K中間子の速いと遅い発見	(131) フィッチ（V.L.）	142
超伝導発見	(26) カマーリングオネス（H）	46
超伝導・トンネル	(112) ジョセフソン（B.D.）	125
全上合成	(111) ゲーバー（I.）	124
（トンネルダイオード）全トンネル効果	(110) 江崎玲於奈	123
全ヘリウム3効果	(185) レゲット（A.J.）	191
（集団運動）強い相互作用発見	(118) レインウォーター（L.J.）	132
（て）		
デコンストラクション（脱構築）	(113) デリダ（J.）	128
デジタルカメラ電荷結合素子	(201) ボイル（W.）	204
電磁波動性発見	(42) コンプトン（A.H.）	62

まとめ

		ページ
電磁波を通信に転移	(22) マルコーニ（G.）	41
電子の発見	(17) トムソン（S.J.J.）親	36
（ド・ブロイ波理論実証）全上、粒子波動性	(53) トムソン（S.G.P.）息子。	72
電子速研究。	(38) フランク（J）	59
電子線量子論実験	(39) ヘルツ（G.L.）	59
電子波動性実証	(52) デービソン（C.J.）	71
電子二重モーメント測定	(73) クッシュ（P.）	88
電子間相転移	(123) モット（S.N.）	136
電子分光法発見	(132) シーグバーン（K.M.B.）	143
電子レンズ・電子顕微鏡	(142) ルスカ（E.A.F.）	153
電波望遠鏡発明	(115) ライル（S.M.）	130
伝導粒子ウィークボソン	(138) ファンデルメーア（S.）	150
電離層発見	(60) アップルトン（S.E.V.）	77
天文物理学	(104) アルベーン（H.O.G.）	118
天体は水素から変り収縮した	(136) チャンドラセカール（S.）	147
（と）		
統一理論（弱相互と電磁波）	(128) サラム（A.）	140
〃 相対性	(34) アインシュタイン（A.）	54
〃 （絵画で）行列と波動	(2) 葛飾北斎	14
（人間意識）統一理論（同転移）	(4) リンカーン（A.）	17
〃 （原子終結）	(21) ラザフォード（E）	40
〃 （人間最大）	(83) ポントリャーギン（L.S.）	98
〃 （意識統一）	(67) ノイマン（T.Y.）	83
〃 （言語統一）	(113) デリダ（J.）	128
〃 （光ポンピング）	(100) カストレル（A.）	114
〃 （剰余の価値）	(6) マルクス（K.H.）	19
〃 （エネルギー）	(34) アインシュタイン（A.）	54
〃 （集積回路）	(67) ノイマン（J.V.）	83
	(175) キルビー（J.）	183
同位元素（元素）	(55) ロレンス（E.O.）	74
〃 （〃）	(54) フェルミ（E.）	73
銅混合酸化物	(145) ミュラー（K.A.）	155
全上	(144) ヘドノルツ（J.G.）	155
トラップ（わな）発明	(150) パウル（W）	160
〃 （原子分光学）	(149) デーメルト（H.G.）	159
（真空管転移）トランジスター発明	(75) ショクリー（W.B.）	92

		ページ
（真空管転移）トランジスター発明	（76） バーディーン（J.）	93
〃	（77） ブラッティン（W.H.）	93
統計と生命現象の因果性	（47） シュレーディンガー	67

（な）

ナトリウムの最低値	（179） ケターレ（W.）	186
（走査顕微鏡）ナノテクノロジー提唱	（143） ローラー（H）	154

（に）

二流体理論（第二音波）	（90） ランダウ（L.D.）	104
クォークの量子色力学（二体理論）（自発と破れ）	（197） 南部陽一郎	201
ニュートリノ（人工化）	（148） レーダーマン（L.M.）	158
〃	（147） シュワルツ（M.）	157
〃	（146） スタインバーガー（J.）	156
ニュートリノ（再生）	（180） デービス（R.J.）	187
〃（再生）	（181） 小柴昌俊	188
〃（振動）	（214） 梶田隆章	217
〃（π中間子）	（64） パウエル（C.F.）	81
〃（光子から発見）（1950年）	（161） ライネス（F.）	170
「ニッチ」空間発見。（建築の壁のくぼみ）（ホール効果）	（169） ラフリン（R.B.）	178
液体ヘリウム3の壁のぼり（二流体）（発見）	（163） リー（D.M.）	173
〃	（164） リチャードソン（R.C.）	173
宇宙膨張中論（二体理論）	（206） リース（A.G.）	211

（は）

発光ダイオード	（211） 赤崎勇	215
〃	（212） 天野浩	216
〃	（213） 中村修二	216
波動力学と行列力学統一論	（48） ディラック（P.A.M.）	68
波動力学。	（47） シュレーディンガー（E.）	67
パリティ	（78） 楊振寧	94
〃	（79） 李政道	95
〃	（92） ウィグナー（E.P.）	106
〃	（130） クローニン（J.W.）	141
パルサー発見	（114） ヒューウィッシュ（A.）	129
〃 電波望遠鏡	（158） ハルス（R.A.）	168
反射光と輝射光とのちがい発見	（45） ラマン（S.C.V.）	65
半導体	（176） クレーマー（H.）	183
半導体ヘテロ構造	（176） クレーマー（H.）	183

まとめ

		ページ
八道説	(103) ゲル・マン (M.)	117
発想とはスポーツと同様	(150) パウル (W.)	160
反陽子発見	(85) セグレ (E.G.)	101
パイこね理論	(44) ド・ブロイ (L.V.7e.D.)	64
(ひ)		
光の干渉・毛管電位計発明（カラー写真）	(19) リップマン (G.)	38
光の粒子性証明	(71) ボーテ (W.)	86
光ポンピング開発	(100) カストレル (A.)	114
光デジタル技術開発	(199) カオ (C.)	203
〃	(200) スミス (G.E.)	204
光の重ね合せ	(207) アロシュ (S.)	212
BSC理論	(107) クーパー (L.N.)	121
〃	(108) シュリーファー (J.R.)	122
〃	(109) バーディーン (J.)	122
ビッグバン説	(124) ウィルソン (R.W.)	137
〃	(192) マザー (J.C.)	197
〃	(193) スムート (G.F.)	198
ヒッグス機構予言	(209) アングレール (F.)	213
ヒッグス機構	(210) ヒッグス (P.)	214
皮膚のとバンソーコウ効果	(107) クーパー (L.N.)	121
(ふ)		
フィルタリング	(83) ポンドリャーギン (L.S.)	98
複数カメラ	(84) 黒澤明	99
フェルミウム	(100) カストレル (A.) (54) フェルミ (E.)	73
不変網・アンバー発見	(33) ギヨーム (C.É.)	52
ブラウン運動の効果	(40) ペラン (J.B.)	60
プラグマティズム	(11) デューイ (J.)	29
分積回路・(電気)	(3) オーム (G.S.)	15
〃 (現代自我心理学)	(62) エリクソン (E.H.)	78
〃 (8素粒子論)	(103) ゲルマン (M.)	117
〃 (炭素結晶グラフェン分積)	(203) ノボセロフ (K.S.)	208
分積相互作用群論。(空間三角形群論)	(1) ピタゴラス	12
〃 (ヒッグス場理論)	(209) アングレール (F.)	213
〃 (自発的対称性破れ)	(197) 南部陽一郎	201
〃 (相補曲線提唱)	(215) 土井棟治朗	218
不確定性原理発見	(46) ハイゼンベルク (W.K.)	66

			ページ
ブラックホール		（137）ファウラー（W.）	149
		（114）ヒューウィッシュ（A.）	129
		（115）ライル（S.M.）	130
（へ）（ほ）			
ヘリウム原子静子		（165）オシェロフ（D.D.）	174
〃		（166）チュー（S.）	175
〃		（167）コーエンタヌジ（C.）	175
ホール効果発見		（140）クリッツィング（K.von）	152
ホログラフィー発明		（106）ガボール（D.）	120
ポンピング発見		（25）ダレーン（N.G.）	45
ポンピング応用		（5）シンガー（I.M.）	18
（光）ポンピング発見		（70）ゼルニケ（F）	86
（ま）（み）（む）（め）（も）			
マイクロ波検出（黒体放射）		（126）ペンジアス（A.A.）	139
ミューニュートリノ発見		（147）シュワルツ（M.）	157
〃造ること成功。		（146）スタインベーガー（J.）	156
無結晶物質電子動の明確		（121）アンダーソン（P.W.）	134
メーザー原理発見		（94）タウンズ（C.H.）	107
〃着想。		（95）バーソフ（N.G.）	109
〃完成。		（96）プロホロフ（A.M.）	110
「モラトリアム」		（62）エリクソン（E.H.）	78
迷路		（119）ティン（S.C.C.）	133
（や）（よ）（ゆ）			
弱い力伝達素子発見（ウィークボソン）		（139）ルビア（C.）	151
仝上と電磁力との統一論		（129）ワインバーグ（S.）	141
陽電子発見。		（50）アンダーソン（C.D.）	70
陽子磁気モーメント。		（56）シュテルン（O）	74
陽子加速		（66）コッククロフト（S.J.D.）	82
陽子線加速器建設。		（102）アルバレズ（L.W.）	116
油滴実験（電気素量値）		（36）ミリカン（R.A.）	57
四つの力統一論		（172）フェルトマン（M.J.G.）	180
（ら）（り）（れ）			
量子ホール効果		（170）シュテルマー（H.I.）	178
〃（低温・強磁場で）		（171）ツイ（D.C.）	179
粒子波動性発見		（44）ド・ブロイ（L.V.7°.D.）	64
〃		（53）トムソン（S.G.P.）	72

		ページ
粒子加速器（サイクロトロン）	（55）ロレンス（E.O.）	74
レーザーの発見	（134）ブルームバーゲン（N.）	144
レーザー用単結晶	（174）アルフェロフ（Z）	174
レーザー理論構築	（189）グラウバー（R.J.）	195
レーザーで原子静止	（168）フィリップス（W.D.）	176

「附記氏名」 まとめ

	ページ
1（1）ピタゴラス	12
2（2）葛飾北斎	14
3（3）オーム（G.S.）	15
4（4）リンカーン（A.）	17
5（5）シンガー（I.M.）	18
6（6）マルクス（K.H.）	19
7（10）ベルグソン（H.L.）	28
8（11）デューイ（J.）	29
9（21）ラザフォード（E.）	40
10（62）エリクソン（E.H.）	78
11（67）ノイマン（J.V.）	83
12（83）ポントリャーギン（L.S.）	98
13（84）黒沢明	99
14（113）デリダ（J.）	128
15（215）土井棟治朗	215

著者略歴

土井　棟治朗（どい　とうじろう）

一級建築士。
昭和 8（1933）年生まれ
昭和33（1958）年日本大学理工学部建築学科卒業
昭和38（1963）年土井建築設計事務所創設
令和元（2019）年『建築のときめき』著
令和 3（2021）年『意識変遷　確率制御とフィルタリング』著
令和 5（2023）年『発想のシステムは拮抗と群論の相補性』著

〔設計例〕
映画監督・岡本喜八邸（川崎市）
東京工科大学共同設計参加（八王子市）
新国立劇場設計競技参加（新宿区）

相補曲線　発想とはスポーツと同様

2024年11月26日　初版発行

著　者　　土井　棟治朗
発行・発売　株式会社三省堂書店／創英社
　　　　　　〒101-0051 東京都千代田区神田神保町1-1
　　　　　　Tel 03-3291-2295
　　　　　　Fax 03-3292-7687
印刷・製本　シナノ書籍印刷株式会社

©Tojiro Doi 2024 Printed in Japan
ISBN 978-4-87923-278-6　C0010

落丁・乱丁本はお取り換えいたします。定価は、カバーに表示してあります。
不許複写複製（本書の無断複写は、著作権法上での例外を除き禁じられています）